건축가 김씨

김창식

noside

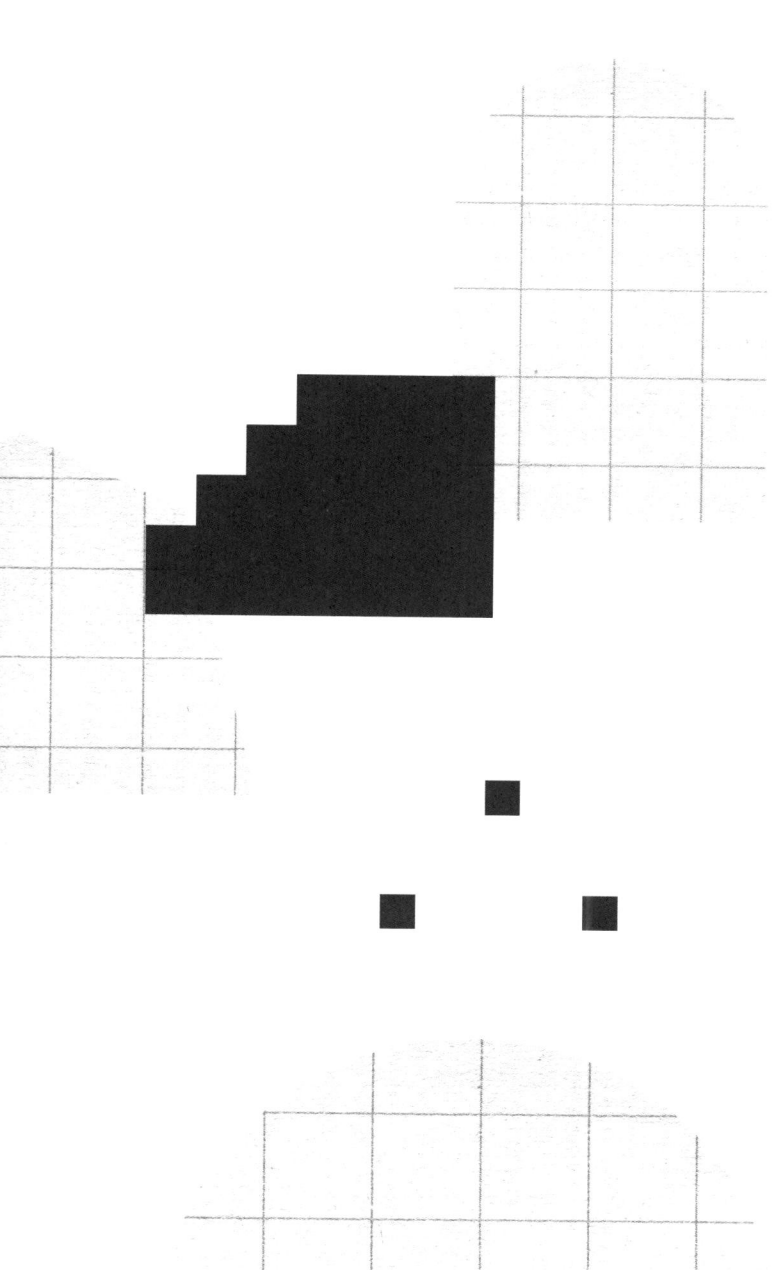

목차

∞∞ 동네 건축가 김씨

1 나라는 건축가

저소득 자영업자? 고소득 전문직?

탈서울

다이어리

교회 건축

청소년 보호 감호시설 설계

'인생 후르츠'

내가 내게 하고 싶은 말

백내장 수술 후유증

이 나이에 아직도

직접 본 중국건축

은퇴 후에 하고 싶은 일

2 당신을 위해 만든 창문

장애아들의 환호
1면 광고의 위력
K 전무님
시골교회 리모델링 설계
여배우의 집

3 나의 가족

항아리
동시에 그린 두 그림
아들의 현명한 배신
산소 만들기
아들의 작은 결혼식
무릎 꿇고 두 손 들고 혼나는 딸내미 사진
비즈와 이코
병원에서
우리 딸 생일선물 그리고 답 선물
장모님과의 이별

4 이마에 주름은 지은 적이 없는데

공사비 예산 맞추기
조폭과의 설계
직업에 따른 자세
누구를 위한 공직인가
정말 안 풀리는 해

5 이런 인연 저런 인연

나와는 격이 다른 친구
스칸디아 아저씨
아내가 일로 만난 건축가들과 나
정말 좋으신 건축주
목사님은 역시 목사님
특별한 인연의 직원

6 우연인지 필연인지

나쁜 집터?
사기꾼의 설계의뢰
고향의 온천개발

미안한 계약금, 아쉬운 계약금
두 번의 유치원 설계
사라진 내 설계들
큰일은 아무나 하나
매일 TV에 보이는 내 설계
'바다를 향하여'에서 '바다를 품다'로

7 건축가의 마음

건물의 이름
선교지 건축
노숙인을 위한 시설
포기한 설계
대구에서
인천에서의 미팅
제주의 특징
특별감리자 신청

◇◇◇ **나 죽으면**

동네 건축가 김씨

막 끝난 TV 저녁 뉴스 끝머리에서 얼마 전 진료 중 환자에게 살해당한 정신과 의사 가족이 방송국에 보낸 감사의 편지를 소개해 주었다. 그 의사는 본인이 살해당할 수도 있는 그 위급한 순간을 충분히 피할 수 있었음에도 불구하고 그러지 않고 같이 근무하는 간호사들에게 위험을 알리려다 사고를 당했다고 한다.

편지에서 그 의사가 평소 사랑으로 환자를 대한 직업적 사명이 느껴졌고 그런 어처구니없는 사고를 겪은 절망적 상황에서도 원망 대신 감사할 줄 아는 그 가족의 아름다운 마음에서 묵직한 감동이 다가왔다.

찔끔 나온 눈물과 함께 골똘히 나를 생각하게 되었다. 내가 가진 직업적 사랑의 정도는 과연 어떠한지, 또 나에게 그런 사명의식이 조금이라도 있는지, 그리고 나의 얼마인지 모를 생의 남은 날들과 그리고 남은 나의 일을 어떻게 채우고 어떻게 마무리해야 할지, 정말 어떻게 사랑해야 하는 건지, 말이다.

의사라고 하는 직업은 한 사람 한 사람의 건강과 생명을 다루는 소중하고 무거운 직업이지만 건축가는 건물을 사용하는 사람의 삶에 영향을 주고 또한 현대 자본주의사회에 가장 소중히 여겨지는 재산이라는 큰 물질을 다루는 소중함과 무거움이 있는 일이다. 비록 그 효과나 결과가 바로 나타나진 않지만 더욱 잘해야 함을 무겁게 느낀다.

건축가 김씨.
나다.

건축과를 졸업하고 설계를 하고 싶다고 돈 많이 주는 건설회사 대신 그 반도 안 되는 박봉으로 설계사무실에 취업, 야근을 생활화하며 부푼 꿈을 꾸고 힘들게 건축사자격을 취득했고, 나의 건축을 하고 싶어 내 이름의 사무실을 시작해 그렇게 일생을 살아왔다. 평범하고 흔한 건축가로 살아왔는데도 여전히 괜찮은 건축가가 되고 싶어 하는 평생을 건축과 함께 살아온 사람.

아직도 나를 수식할 어떤 작품도, 정립된 건축사상도 아직 없는 그런 건축가지만 스스로 다시 한번 돌아보고, 남은 시간을 살아내기 위해 그동안의 시간을 반추하는 이야기를 써보려 한다. 커다란 성장이나 성취가 없더라도 평범한 건축가의 삶과 생각이 정리된 이야기가 있다면 이 직업에 관심이 있거나 시작하려는 후배에게 작은 도움이 될 수 있지 않을까.

그리고 사랑하는 우리 가족을 비롯하여 내 주변 사람들에게 입으로 하지 못한 내 변명을, 또 내 얘기를 해보려 한다.

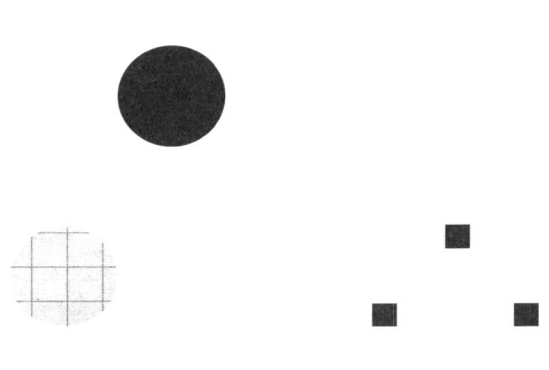
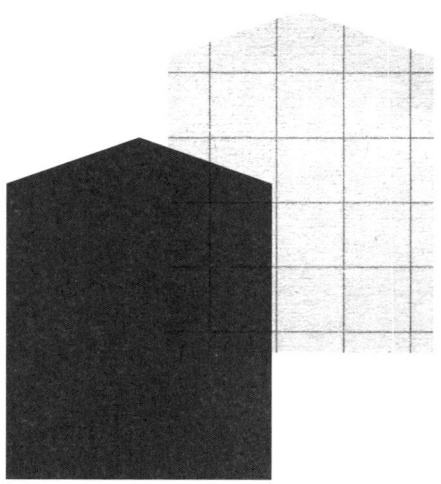

1 나라는 건축가

저소득 자영업자? 고소득 전문직?

흔히 직업을 분류할 때 건축사를 고소득 전문직으로 구분하곤 한다. 의사, 변호사, 회계사 등 소위 '사'자 붙은 직업의 범주에 넣는 것이다. 특히 세무 당국에서 발표하는 통계를 보면 대체로 건축사는 그 '사'자 그룹의 맨 꼴찌에 들어가 있다. 물론 잘 나가는 일부 건축사들은 그 그룹에 들어가는 것이 당연히 맞다. 전문직인 거 맞고 고소득인 거 맞으니까. 근데 앞서 언급했듯이 실제로 건축사는 그 그룹의 맨 꼴찌로 어쩔 수 없이 들어가 있고 언제든 빠질 수 있게 준비된 직업인 듯도 하다. 실제로 건축사들의 평균 소득은 고소득 전문직이 아닌 저소득 자영업자로 보는 게 맞을 듯싶다.

모든 직업의 현재 소득은 그 직업이 시작될 때의 책정방식이 어떤가에 따라서 달라지는 것 같다. 처음 직업이 시작될 때 매겨지는 가치가 기본이 되어 계속 진행해 나가기 때문이 아닐까 싶다.

예를 들어 생각해보면 공인중개사라는 직업이 있다. 기본적으로 공인중개사의 수수료 책정을 보면 하는 일에 비해 상당히 높은 수준으로 책정되어 있다고들 한다. 물론 경쟁력에 따라 많이 하기도, 못 하기도 하겠지만 일단 기본 책정점이 높다는 것이다. 그건 미국 같은 나라도 마찬가지라 들었다.

그에 비해 건축사의 수수료 책정은 가히 이 일로 먹고살 수 있나 싶을 때도 있다. 그건 처음부터 그 책정점이 낮은 탓일 것으로 생각한다. 그 원인 중 하나가 건축사의 시작이 지금은 사라진 행정서사가 하던 일로 간단한 서류만으로 관청에 건축허가 신청을 하는 일을 건축사가 새롭게 하게 되면서부터이기 때문은 아닌가 혼자 생각해보기도 한다.

실제로 초창기 건축사제도에 반대하며 자격시험을 거부한 건축가 선배들도 제법 있었다. 또한 그런 이유인지는 몰라도 오래전 건축직 공무원 출신에게는 건축사자격시험에 특혜를 주기도 했었다. 아무튼 첫 단추부터 이상하게 끼워진 것 같긴 하다.

실제로 정부 규정에 따라 책정된 수수료율은 선진국과 비교하면 많이 떨어지고 있다고 하고 그마저도 규정 - 물론 강제 규정은 아니지만 - 대로 받을 수도 없을 뿐 아니라 실제로 현실은 경쟁적 출혈경쟁에 의해 규정보다 많이 내려가 있는 게 현실이다. 하지만 경기 부흥기 때는 온 나라가 건축 붐이었기에 고소득 전문직이 되었던 게 아닌가 생각되기도 한다.

하지만 IMF 사태 몇 년 전부터 시작해서 건축경기는 끝없는 추락으로 이어져 지금은 설계를 꿈꾸는 젊은이도 많이 줄었고 현직에 있는 건축사는 저소득 자영업자가 되어 버린 것이다.

한때는 드라마에서도 건축가가 자주 나오며 멋있는 모습으로 그려졌다. 좋은 집과 차 그리고 돈도 많은 그런 모습으로. 실제로 건축가는 큰돈을 다루는 직업이다. 건축가의 손에 많은 돈이 좌우되는 것이 사실이다. 그런데 실상은 건축가들 – 일부 설계기술자 같은 건축가를 제외하고 – 의 성향이 좀 감성적이라 그런지 돈 생각을 별로 안 하는 편인 것 같다. 어쩌면 그런 성격이어야 좋은 디자인을 맘껏 할 수 있을 것 같다. 그러다 보니 큰돈을 다루면서 실제로 자기 몫을 잘 챙기지 못한다. 그래서 아이러니하기도 하다.

건축주는 건축가를 잘 선택해야 한다. 돈도 아끼고 설계도 잘하는 사람을 선택해야 한다. 그러니 전혀 쉽지 않다. 우리나라에서는 대개 주변의 소개로 건축가를 많이 선택하게 되는 듯하다. 마음 약한 건축가는 아는 사람 소개니까 설계비를 깎아주기도 한다. 또 내가 선택받았다는 으쓱한 기분으로 스스로 더 깎아주기도 한다.

중간에 설계가 바뀌어도 설계면적이 더 늘어나도 그냥 OK다. 처음 시작도 문제요, 시간이 지나도 문제요, 성향도 문제요, 돈으로 보면 모든 상황이 다 문제인 것 같다. 이런 상황을 잘 바꿀 수 있는 길은 바로 협회 같은 단체라고 생각한다. 이런 단체가 나서서 잘못된 기준을 바로잡고 회원들을 독려하고 연합한 힘으로 정책적 요구를 하고 변해야 할 것이다. 하지만 왠지 그러지 못하는 것 같다. 하기야 나 역시도 그 협회라는 곳에서 스스로 나와버렸으니 할 말은 없다.

물론 그때는 상황이 힘들고 회비도 아까웠던 때라 의무가입 제도도 없어져 잘됐다고 그 길로 나와 버렸지만 그래도 남아 있으면서 목소리를 보태야 했는데 도무지 그런 일에는 관심이 전혀 없었으니…

아무튼 건축가들은 문제다. 돈에 있어서는 특히 그렇다. 나도 역시 포함해서. 그래서 난 저소득 자영업자에 속한다. 그래도 한 가지 좋은 점은 있었다.

설계를 한다는 이유로 우리 가족은 내가 설계한 집, 도심에서 한번, 전원에서 한번, 2번이나 살아봤고 우리 부모님도 시골에서 내가 설계한 집에서 살아보셨다. 남들처럼 평생 경험해보기 어려운 일을 두 번이나 누린 점은 확실히 좋은 점이었고, 그로 인해 아이들의 품성도 당연히 영향을 받았을 것이다.

그래서 우리 아이들이 멋진가? 스스로 위로해 본다….

탈서울

내가 서울에 살게 된 것은 부모님의 무척이나 앞선 교육열 때문이었다. 우리 고향에서는 아주 드물었던 머나먼 서울로의 유학 생활부터 시작되었다. 더욱이 중학교부터 유학은 거의 처음이다시피 했다. 당시 내 고향인 경상도 끝자락에서 서울까지는 꼬박 12시간이 걸려야 갈 수 있었다. 먼저 버스로 2시간을 간 다음 기차로 갈아타고 10시간이 더 걸렸다.

그때는 시험을 치러서 중학교에 가던 시절이라 고향에서 교육열이 높은, 그럭저럭 살만한 집 자녀들이 유학하러 가면 거의 가까운 부산으로 가던 때였다. 나 역시 부산에 있는 일류 중학교에 시험을 쳤지만 보기 좋게 떨어졌다. 나와 함께 1차 시험에 떨어진 친구들은 모두 부산에 있는 2차 중학교로 갔는데 우리 아버지께서는 오히려 떨어진 게 잘됐다며 나를 서울로 보내기로 하셨다.

운 좋게 서울에서 나쁘지 않은 학교에 합격했고 서울에 사시던 작은아버지 댁에서 학교를 다니게 되었다. 이어서 나와 3년씩 터울이 지는, 부산에서 중학교, 고등학교에 다니던 누나 둘이 3년 후 서울에서 고등학교, 대학에 다니게 되면서 우리 집 삼남매 모두 서울에서 자취하며 살기 시작했다. 그렇게 어려서부터 서울에서 살아왔던 내가 서울을 떠나게 되는 일이 생겼다.

직장생활을 접고 내 사무실을 시작하며 2년 정도 지났을 즈음 국내에서 뜨거웠던 건축 열기가 조금씩 식어가고 있었다. 자연스레 사무실도 조금씩 사정이 안 좋아지면서 무언가 돌파구를 찾아야 할 때, 같이 사무실을 운영하던 선배의 제안으로 목조주택을 처음 접하고 괜찮을 것 같아 그 일에 적극적으로 뛰어들게 되었다. 그런데 목조주택 일을 하려면 먼저 내용을 제대로 알아야 하는데 참고할 다른 자료들이 없어서 집을 직접 지어보는 수밖에 없었다. 그런데 잘 모르는 분야를 다른 사람의 집을 지어가며 확인할 수 없으니 서울에 있던 집을 정리하고 같이 전원주택을 지어보는 것이 어떻겠냐며 의견을 나누다 집짓기를 실행에 옮긴 것이다. 지금 생각하면 정말 앞뒤 계산 없이 결정한 판단이었지만 당시 관심이 막 일기 시작한 전원주택과 사람들이 전혀 모르던 목조주택을 동시에 해볼 기회를 만들었던 셈이다.

그렇게 목조전원주택을 시작으로 서울을 벗어난 3년 후 아이들과 아내는 처제가 살고 있던 호주로 유학 아닌 유학을 하러 갔다가 다시 3년 후 모두 돌아오게 되었다. 중, 고등학교에 다녀야 하는 아이들 교육을 생각해 전원주택 생활을 접고 분당에서 살기로 했다. 이미 그때는 서울로 돌아가기엔 집값이 너무 오르기도 했고, 한가롭게 시골에서 살다가 복잡한 서울로 다시 들어가는 게 싫기도 했다.

그렇게 사무실은 서울, 집은 분당인 생활이 시작되었다. 내 나이 50을 막 넘었을 때였다. 하지만 IMF 등으로 좀처럼 나아지지 않는 나의 상황을 보며 어느 날 아내가 이런 말을 했다. "당신에게 일을 의뢰하는 사람은 거의 정해져 있는 것 같은데 굳이 서울에서 사무실을 운영할 필요가 있겠냐"는 것이었다. 비용도 절약하고 집도 가깝고 같은 비용에 환경도 서울보다는 좋은 분당에 사무실을 두면 어떻겠냐는 것이었다. 처음에는 생각도 안 해본 일이라 망설였지만 가만 생각해보니 그 말도 맞는 것 같아 또 그럴 때면 과감함이 발휘되는 판단력으로 사무실을 이사하기로 했다. 직원들의 출퇴근 시간이 길어진 것이 미안했지만 그 외의 환경은 오히려 서울보다 나아서 그런 면은 모두 좋아했다. 그렇게 나의 분당사무실 시대가 시작되었다.

정말 뻔한 나의 영업력 덕분에 내가 의뢰받는 일의 범위도 크게 달라지지 않았고, 건축주들에게 내 사무실의 위치가 별문제가 되지 않았다. 그런데 건축업에 종사하는 주변 사람들은 사무실 이전을 걱정하고 의아해하였다. 건축주가 있는 서울에 있어도 쉽지 않을 텐데 거기까지 가서 어떻게 하느냐는 것이었다. 실제로 지금도 처음 만나 인사를 나누며 주고받는 명함에 있는 주소가 서울, 그것도 강남, 서초, 송파 등이 아니라는 이유로 차별감을 살짝 느낄 때가 있다.

그렇게 분당사무실 세월을 보낸 지 어느덧 15년이 흘렀다. 서울에서 사무실을 운영하던 세월에 거의 가까워진 것이다. 얼마 전 한 후배에게서 전화가 왔는데, 용인에 전원주택 같은 집을 하나 가지고 있는데 그 집을 사무실로 고쳐서 이사하려 한다고 했다. 내가 사무실을 옮기고 그럭저럭 잘 지내는 걸 보고 용기를 얻었다고 한다. 내 판단이 옳았는지 모르겠지만 한 사람의 동지가 생긴다는 것이 고마웠다.

내가 가장 존경하는 건축가는 피터 줌터라는 사람이다. 그분의 깊고 심오한 건축세계를 좋아함은 물론이고 그 사람이 건축을 대하는 자세가 나는 너무 좋다. 그분은 세계적인 건축가임에도 불구하고 여전히 처음 일을 시작했던 스위스 작은 도시에 사무실이 있어서 그에게 설계를 의뢰하려는 많은 사람이 그곳까지 찾아간다고 한다.

잘은 모르지만, 그는 본인이 할 수 있는 일, 하고 싶은 일, 또 그만한 가치가 있는 일만 하는 것 같다. 그렇게 해서 아주 작은 건물의 설계도 정말 감탄할 만큼 멋지게 해낸다. 그러니 많은 사람이 그가 설계한 건물을 보기 위해 머나먼 시골까지 방문하고 있다고 한다. 저절로 그 지역경제도 살리는 셈이다.

그분께 배우고 싶어 하는 많은 젊은이가 매년 지원하지만 한정된 소수의 인원만 근무하기 때문에 그 뜻을 이루기가 매우 어렵다고 한다. 정말 멋진 분이다. 그래서 난 그분을 더욱 존경한다. 어디에 있는가가 중요한 것이 아니고 어떻게 하느냐가 더 중요하다는 평범한 진리를 또 한 번 되새기게 하는 그런 분이기 때문이다.

다이어리

언제부턴가 기억력이 점점 떨어져 자꾸 약속이나 해야 할 일들을 깜박 잊게 되면서부터 수첩용 다이어리를 사용하게 되었다. 매년 연말이면 새 다이어리를 사서 다음 해 일 년 계획부터 먼저 정리하는 습관이 생겼다. 먼저 챙겨야 할 생일들, 특별한 일정들, 세금과 공과금 내는 날, 사무실 임대료 내는 날 등등. 그러면서 늘 작성하는 게 또 있다. 그해에는 꼭 만나보고 싶은 사람들의 명단이다.

그런데 해마다 명단이 줄거나 바뀌어야 하는데 몇 년이 지나도 내 다이어리에서는 바뀔 생각을 하지 않는다. 그 속에는 초등학교 친구부터, 중학교 친구, 젊은 학창 시절 살짝 썸을 타던 여자도 있고, 아내와 나를 소개한 중매쟁이 같은 후배도 있고, 설계를 처음 시작하며 만났던 고마운 직장 상사도 있다. 연락이 바로 되는 사람이 있는가 하면 도무지 연락이 될지 안 될지 모르는 그런 사람도 있다. 또 한편으로 볼 때 세상적으로 잘 나가는 사람도 있고 그렇지 못한 사람도 있다.

그런데 나는 늘 계획만 세울 뿐 그들을 만나지 못하고 세월만 흘려보내고 있었다. 아니 만나려 애쓰지도 않았다. 왜 그럴까? 곰곰 생각해보니 답은 나 스스로가 그들에게 다가갈 만큼 나에게 만족하지 못하고 있는 것이었다. 나의 현재 위치가 세상의 눈으로 볼 때 내세울 만하지 못한 것에 대해 스스로 만족하지 못한 것 같았다.

그건 그렇다. 사실이다. 만나면 어떻게 지내냐는 것부터 서로 물어볼 텐데 내심 그 부분부터 맘에 걸리는 것이다. 나 같은 경우 할 수 있는 얘기라면 사무실 위치나 규모 내지는 사는 곳, 자녀들의 상황 등부터 묻게 되어있는 게 현실이니까. 우리 아이들이야 대단한 건 없어도 나름대로 각자 훌륭하다고 생각하지만 아무리 생각해도 나 스스로가 초라해 보이기 때문이기도 하다.

올해도 다이어리를 새로 시작하면서 항상 그렇듯 만날 사람들을 써볼까 하다가 이제 더는 안 쓰기로 했다. 내 맘을 다스리는 것이 먼저인 것 같아서다. 먼저 내가 스스로 나를 제대로 세우고 떳떳하다 느낄 때, 오랜만에 보는 그들에게 다가가는데 스스로 부족함을 느끼지 않을 때 만나는 것이 옳은 것 같아서다. 물론 그러다 너무 늦어질까 봐 걱정도 된다. 더 늙어 못 만나게 되어 후회가 더 심하게 될까 봐 염려도 된다.

살아 낸다는 건 참 쉽지 않은 것 같다. 그것도 잘 살아 낸다는 건 더욱 그렇다. 그래서 자식들을 대기업이나 공직에 보내려는 부모들의 바람이 이해되기도 한다. 일단 취업이 되고 탈 없이 잘만 다니면 세상적으로 경제적으로 삶이 안정될 수 있기 때문이다. 내 주변을 봐도 대기업 출신이나 공공적 직업 출신들이 나이 들어 안정적으로 되어있는 경우가 대부분이니까.

반면에 상대적으로 개인 사업은 무척 험난하고 어려운 길이다. 일에 대한 성취와 경제적 성공을 모두 가지기란 정말 특별한 경우인 것 같다. 그러지 못한 내가 스스로를 세울 수 있는 길은 오직 내 일에 대한 자부심과 잘 다듬어진 사상일 것이다. 하지만 그조차도 아직 내세울 만한 게 없고 그냥 쉼 없이 한길로만 살아온 것, 그리고 여전히 살아가고 있다는 것, 그것밖에는 없다.

조금 더 긍정적인 눈으로 본다면 여전히 날 필요로 하는 곳이 있고, 수행할 능력만 있다면 끊임없이 계속 일할 수 있다는 점이 내 일의 장점이겠다. 다시 말해 나에게는 아직 좀 더 시간이 남아있는 것이다. 그리고 그것이 어쩌면 이 직업의 장점이기도 하다. 다행히 내게는 다른 건축가에 비해 상대적으로 많은 경험이 있는 분야가 생겼고, 나 역시도 그 분야에서 열심히 나름대로 뜻을 두고 나아가고 있는, 아직은 진행형인 셈이다. 결국 나에겐 그것만이 나 스스로를 세우는 유일한 길일 것 같다. 비로소 그런 자부심이 단단하게 느껴질 때가 만날 사람의 명단을 다시 작성할 때일 것 같다. 바라건대 내게 하루속히 그때가 왔으면 좋겠다.

교회 건축

내 나이 45세 되던 해에 건축일로 인해 알게 되어 자주 만나던 어떤 분께서 본인이 다니는 교회에 새 신자를 영입하는 행사가 있는데 괜찮으면 와서 교인등록만 좀 해 줄 수 있겠냐며 부탁을 하셨다. 교회를 계속 다니는 건 본인의 선택이니 등록만 부탁하자고 하신 것이다. 교회에서 그분의 직책도 있고 해서 여러 사람을 전도해야 하는 상황이라 나에게도 부탁하신 것 같았다. 또한, 최근에 큰 어려움으로 무척 고생한 직후였는데도 내가 위로도 제대로 못 해 드린 것 같아 미안하던 차에 교인등록이 몹시 어려운 부탁도 아니고 하니 아들, 딸과 함께 셋이서 교회에 가게 되었다. 집사람은 그때 집에 없던 때라 어쩔 수 없이 빠졌다.

교회에 도착하니 그분이 반갑게 맞아주셨고 우리는 처음 겪는 어색한 예배에 참석하고 집으로 돌아왔다. 그리고 한, 두 달쯤 지난 즈음 그분께 다시 연락이 왔다. 마침 그 교회에서 제법 규모가 있는 건축을 추진 중인데 그 설계를 등록 교인 중에서 지명 현상공모를 한다고 하셨다. 나중에 알았지만, 그 교회는 국내에서 상당히 큰 교회 중 하나였다.

아무튼, 그분께서 본인에게도 추천권이 있으니 그분 추천으로 참가해 보지 않겠냐는 것이었다. 마침 나 역시 일이 별로 없던 때라 좋다고 대답하고 친구사무실과 같이 공동으로 그 현상공모에 참여하게 되었다. 그 친구는 마침 교회가 추진하고 있는 그런 기능의 설계에 많은 경험이 있어서 함께하면 좋겠다고 생각했다. 우리는 서로 업무를 분담하여 친구가 기능을 먼저 정리하면, 나는 정리된 기능을 바탕으로 디자인을 하기로 하고 나름 열심히 준비해서 계획안을 제출하였다. 그렇게 안을 제출하니 그분은 이왕 이렇게 된 거 그동안 등록만 했지 실제로 교회를 안 다녔으니 이제부터라도 열심히 다녀서 혹시 심사과정에 교회에 관한 사항을 물어보더라도 제대로 답을 해야 하지 않겠냐고 하셨다. 듣고 보니 그 말도 일리가 있어 나는 그때부터 바로 일요일 낮과 밤 등 예배에 열심히 출석하며 나름 눈도장을 찍었다.

불과 몇 주 지나지 않아 결과 발표가 있었고 정말 생각지도 못하게 내가 제출한 계획안이 선정되어서 정식으로 그 일을 시작하게 되었다. 구체적인 실행을 위한 실무회의는 함께 한 친구가 나보다 앞서 먼저 교회와 미팅을 하였다. 그런데 조금 지나지 않아 친구는 교회가 너무 상대하기 힘들다고 투덜대며 기능부분은 어느 정도 완료되었으니 나더러 나머지를 맡으라고 하고는 뒤로 빠져 버렸다. 그렇게 해서 나와 교회 담당 실무자와의 미팅이 시작되었고 나는 수시로 불려가 관련 회의를 해야 했다.

친구 말처럼 무척이나 힘들게 그리고 오래오래 일이 진행되었다. 수정과 변경 요구가 잦았고 그때마다 너무 많은 대안을 요구하는 등 일이 정말 많았다. 하지만 나는 이미 그 교회 교인이니 제대로 항의도 못한 채 고스란히 모든 요구를 감당해야만 했다. 결국, 처음 제출한 계획안과는 아주 많이 변형되어 일이 마무리되어갈 쯤 이번에는 다른 일 하나를 해 보지 않겠냐고 맡기는 것이었다. 나는 그간의 힘들었던 상황으로 보아 이번에도 만만치 않을 거라 생각되어서 할까 말까 망설여졌지만 그래도 다시 찾아주는 감사함과 사무실 운영을 위해 그 일 또한 하기로 했다. 그 일 역시 직원들과 내가 수시로 밤샘 작업하며 몸서리쳐질 만큼 힘들게 힘들게 일을 치러내고서야 마칠 수 있었다. 그 일 이후 우리 직원 중 한 친구가 차라리 사무실을 그만두면 그만두었지 자기는 다시는 교회 일을 하지 않겠다고 선언할 정도였다.

그사이 나는 일을 위해 한 번도 주일예배를 빠지지 않게 되었고 그러다 보니 자연스럽게 교회 봉사도 하게 되고 남들이 보면 어느덧 신실한 교인처럼 되어 있었다. 또한, 그때를 시작으로 교회의 건축 설계에 자주 선정되어 여러 일을 해나가게 되었다. 아마도 그분들이 보기에 일단 내게 일을 의뢰하면 투덜거리지도 않고 - 속으로는 엄청 투덜거리지만 - 또 상대적으로 적은 비용으로 특별한 게 아니면 원하는 대로 열심히 해주는 것이 맘에 들었는가 보다 생각했다.

지금에서야 돌아보면 내가 그런 과정을 통해 교회를 다니게 된 것이 얼른 이해되지 않는 좀 희한한 일이 아닐 수 없다. 그때까지 나는 교회 다니는 걸 정말 싫어했던 사람이기 때문이다. 그래서 실제로 직원 채용 시에 크리스천은 아예 뽑지도 않았다. 그런 내가 알고 지내던 분이 내게 신자등록을 부탁한 것을 선뜻 들어 준 것부터 그리고 얼마 지나지 않아 설계공모가 생긴 일, 또 나를 추천한 일 – 사실 그분도 같이 건축을 전공하신 분이라 주변에 아시는 분이 많았고 실제로 나뿐만 아니라 그분의 친구분도 나와 동시에 같이 추천했었다 – 또 참가한 팀 중에 내가 제출한 안이 선정된 일, 마침 내가 힘들게 사무실을 운영하던 상황, 그리고 이내 이어지는 교회의 다른 설계 일 때문에 잘 보여야 한다고 생각하고 나를 포장하기 위해서 열심히 교회를 출석하고 참가했던 상황, 이 모든 것이 흔히들 교회에서 얘기하는 나를 교회로 부르기 위한 하나님의 인도이지 않을까 생각이 들기도 한다.

아무튼, 그 이후로 지금까지 20년이 넘도록 타의에 의해 크리스천이 된 나는 여전히 교회를 잘 다니고 있고 이어서 아들도 아내도 딸도 함께 교회를 나가게 되고 또 지금도 가끔 교회건축을 하고 있기도 하다. 여전히 교회 일은 다른 일에 비해 많이 힘들고 때로는 제대로 비용을 받지도 못하는 경우도 많지만, 교회건축은 나의 힘들었던 상황을 잘 지날 수 있게 해주었고 또 그게 내가 해야 할 몫이려니 하고 생각하면 한결 맘도 편하고 감사하기도 하다. 또한, 그 이후 내가 자주 접하게 되는 사회복지시설을 설계하다 보면 그 시설의 운영자 중 많은 분이 크리스천이기도 하셔서 같은 마음으로 함께 만들어갈 수 있는 좋은 부분이 있기도 하다.

비록 내가 교회를 나가게 된 것은 설령 그런 하나님의 인도가 아닐지라도 지금까지 내가 이 일을 계속할 수 있게 한 다리가 되었기에 나는 오늘도 많이 감사한다. 물론 지금까지도 비즈니스를 위해 교회에 가는 건 결코 아니다. 그렇게 열심히 다니다 보니 어느덧 내게도 믿음이란 것이 생긴 것이다.

그래서 난 오늘도 교회에 간다. 하나님 앞으로 나아간다.

청소년 보호 감호시설 설계

언젠가 여자 청소년 보호 감호시설 리모델링 설계를 한 적이 있다. 범죄를 저질렀지만, 감옥에 가기에는 어린 여자 청소년들을 돌보는 곳이다. 그곳은 가톨릭 기관에서 관리 운영하는 곳이라 수녀님들이 많이 계신 곳이었다.

설계내용은 시설 일부를 리모델링하고 또 약간 증축하는 일이었다. 설계하는 과정에서 식당에서 식사도 함께하며 보았던 그곳 아이들은 여느 여자아이들과 전혀 다르지 않은 발랄한 아이들이었다. 하지만 수녀님들의 얘기를 들어보면 맘이 아주 아플 만큼 어둡고 상처가 큰 아이들이었다.

그래서 나는 이곳의 설계 주안점을 밝은 공간을 만드는 것으로 잡았다. 기존 건물은 오래된 벽돌 건물에 작은 창들만 일정하게 나 있었고, 건물에서 제일 큰 공간인 강당은 빛이 들지 않는 지하에 있었다. 내가 보기엔 이곳에 있는 모든 공간이 너무 어둡고, 칙칙했다. 그래서 나는 과감하게 지하에 큰 공간을 만들어 지하 소강당은 완전히 지상처럼 밝고 쾌적한 공간으로 변경하고 큰 공간은 조경과 데크를 조성하여 마당처럼 강당에서 바로 이용할 수 있게 하였다. 새로 증축하는 식당은 전면을 유리로 처리해서 아주 밝게 만들었다. 또 거기에 더해 함께한 인테리어 팀에서는 파스텔 색상을 많이 사용하여 시설 전체를 밝고 명랑한 곳으로 완전 탈바꿈시켰다. 그렇게 1년 가까이 공사를 진행하는 동안 자연스럽게 담당하시는 수녀님과 친해지게 되었다. 모든 공사를 무사히 마치고 여러 손님을 초대해 개관식을 치른 날 수녀님께서 내게 좀 보자고 하셨다.

설계와는 전혀 관계없는 얘기라고 하시면서 혹시 가능하면 아이들에게 우리 부부가 살아온 삶에 관해 얘기를 좀 해 주면 안되겠냐고 부탁을 하셨다. 왜냐하면, 여기 아이들이 대부분 비정상적인 가정환경에서 자라온 관계로 보통의 가정에 관해 이야기를 들려주고 꿈꾸게 하고 싶다는 것이었다. 그리고 내가 가장 애착을 두고 진행한 지하 소강당의 첫 이야기 손님으로도 초대하고 싶다고 하셨다. 도저히 거절할 수 없어 그러겠다고 대답하고 아내에게 이야기했더니 의외로 흔쾌히 할 수 있다고 했다.

시간이 흘러 약속한 날이 되었다. 우리 부부는 일부러 각자가 말할 내용을 전혀 상의하지 않았다. 그냥 수녀님 말씀처럼 있는 그대로 각자 느끼고 생각하는 바를 솔직히 이야기하려고 했기 때문이다. 아내가 먼저 이야기를 시작했다. 특별한 얘기는 하나도 없었다. 살아온 이야기를 두런두런 풀어갔다. 우리가 만난 얘기, 결혼한 얘기, 아이 낳고 사는 얘기, 정말 누구나 할 수 있는 얘기였다.

내 차례가 되었다. 우리가 만나고 살아온 얘기를 했으니 나는 먼저 아내를 힘들게 했던 얘기부터 시작했다. 그럼에도 잘 견뎌준 아내에 관한 이야기, 직업이 직업인지라 강남에 아주 작은 우리 집을 짓게 된 이야기도 하게 되었다. '강남'이라는 단어에 갑자기 "와~"하며 조용히 이야기를 듣던 아이들의 반응이 확 달라졌다. 나는 깜짝 놀랐다. 아이들마저 '강남'이라는 단어에 이렇게 반응하도록 어른들이 만든 현실이 그저 미안하기만 했다.

이어서 집을 지을 수밖에 없었던 얘기를 했다. 누나가 너무 일찍 세상을 떠나셨고, 남은 조카들은 너무 어렸고, 돌볼 사람은 아무도 없었고… 결국 우리 부부가 돌볼 수밖에 없어서 우리 집과 누나네 집을 처분하여 강남 끄트머리에 아주 작은 땅을 사고 함께 살 집을 짓게 된 일, 그러다 매형이 재혼하게 되어 우리가 그곳을 나와 서울에서 한참 떨어진 시골로 가서 살게 된 일 등등, 내 일과 집과 우리 가족의 삶을 얘기했다. 결국, 그 아이들 눈에 아무 불편 없고 좋아만 보인 우리에게도 때로는 아픔도 어려움도 그리고 생각지 못한 일들도 생긴다는 것들을 얘기한 것이었다.

그곳에 있는 아이들이나 얘기하는 우리나 할 것 없이 세상 사람들 대부분은 비슷비슷한 환경 속에서 크고 작은 어려움을 안고 살아간다는 걸 얘기해 주고 싶었고, 그래서 그 아이들도 희망을 품고 앞으로의 삶을 잘 살아가길 바라는 마음이었다. 얘기가 끝나고 뒤에서 가만 듣고 계시던 수녀님께서 아이들에게 혹시 물어보고 싶은 게 있냐고 했더니 앞에 앉은 한 아이가 빙그레 웃으며 이렇게 물어본다. "그런데 지금도 사랑하세요?" 느닷없는 질문에 나와 아내는 서로를 쳐다보고는 웃었다. 순간 나는 생각했다. 여전히 나는 아내를 사랑하나? 아내는? 잘 모르겠지만 단 한 가지는 말할 수 있었다.

"철없던 그때는 몰랐는데 이제는 아내를 마음 깊이 진실로 사랑하고 싶다."고.

'인생 후르츠'

내가 장애인을 위한 복지시설 설계를 막 시작했을 때 만나게 된 어떤 원장님이 있다. 그분이 몸담은 법인에서 시행하는 조기노화장애인을 위한 거주 시설을 설계하게 되면서 알게 된 분이다. 일하는 동안 쭉 뵈었고 그 후로도 가끔 뵙곤 했는데, 그분을 보면서 장애인에 대한 진정한 사랑 없이 그런 시설에 종사하는 것은 아닌 것 같다는 생각을 늘 하게 된다.

그분은 진정 장애인을 위한 것이 무엇인지를 장애인 입장에서 먼저 생각하고 몸소 실천하신다. 그래서 때로는 장애인들에게 필요한 일들을 남들보다 먼저 실천하면서 반대에 부딪히기도 하고 어려움을 겪기도 하시는 것 같았다. 하지만 시간이 지나 보면 그분의 방법이 정말 장애인을 위한 것으로 확인되곤 했다.

최근 그분께서 시설을 개축할 계획이 있으셔서 의논 차 만나게 되었다. 이런저런 얘기를 나누던 중에 원장님이 불쑥 이런 얘기를 하셨다. 본인께서 언젠가 영화를 하나 보게 되었는데 문득 내 생각이 많이 났다고 하시면서, 기회가 되면 그 영화를 보라고 권하시는 것이었다. '인생 후르츠'라는 제목의 영화는 일본 어느 노년의 도시건축가를 그린 다큐 영화였다.

나중에 알고 보니 우리 딸도 언젠가 그 영화를 보면서 아빠한 테 권해보려 했단다. 주인공은 전쟁 후 도시설계에 종사했던 분으로 정부에서 시행하는 신도시 건설에 참여하게 되었는데, 실제 건설되는 도시가 본인이 생각하는 좋은 도시설계에서 벗어나 경제 논리에 의해 너무 다르게 개발되는 것에 몹시 안타까워했다.

그래서 주인공은 자기가 꿈꾸던 도시를 조금이라도 현실에서 만들어 보려고 직접 신도시에 땅을 사서 작은 집을 하나 짓고 나머지 마당에 나무를 심고 밭을 만드는 본을 보이며 살아가는 아름다운 모습을 담아낸 영화였다.

지극히 일본적인 노부부의 모습도 인상적이었고, 특히 부인이 보여주는 말과 행동과 미소는 가히 감동적이었다. 예쁜 그림을 잘 그리는 주인공의 솜씨와 순수한 모습이 더해진 장면 장면 모두가 참으로 아름다운 영화였다. 도시건축의 조언을 구하러 온 이에게 사례비도 거절하고 정성껏 조언하는 모습은 참으로 존경스러웠다.

영화를 권하셨던 그분의 뜻은 아마도 내가 그런 삶을 살기를 바라셨던 것 같다. 나 역시 그 영화를 보며 남은 삶을 어떻게 살아야 하나 많은 생각을 하게 되었다. 나도 그분처럼 내가 필요한 이에게 내가 가진 달란트로 그들을 도우며 살고 싶다.

하지만 막상 현실은 그러기가 쉽지 않다. 일단 내가 그런 삶을 살기엔 준비된 게 너무 없다. 그러다 보니 그런 삶의 길에 첫발에서부터 막혀 버린다.

스스로 위안하는 맘으로 이렇게 생각을 고쳐 보았다. 비록 오직 봉사로 그 일들을 다하지는 못하겠지만 하나하나 내게 주어진 모든 일에 마음과 정성만큼은 돈이 아닌 봉사하는 순수함으로 다하며, 그곳에서 살아가고 또 지나는 사람들을 위해 더 깊은 사랑을 담아야겠다고 다짐한다. 그러다 시간이 지나 내게도 온전히 베풀 수 있는 그런 상태가 된다면 아낌없이 나눠주고 도와주는 삶으로 그렇게 인생을 정리하고 싶다.

내가 내게 하고 싶은 말

한 해가 갈 때면 내가 듣고 감동했던 얘기들, 내가 보거나 읽은 좋은 말들, 또 내가 마음 깊이 느낀 것들을 다음 해 다이어리 맨 앞장에 적어놓고 다이어리를 펼칠 때마다 그 말들을 다시 보곤 한다.

올해 다이어리에는 이런 말들이 있다.

1. 땅이 하는 얘기를 듣자

설계를 시작할 때마다 우리는 아무것도 없는 것에서 출발해 뭔가를 만들어내야 하는 강한 압박을 받는다. 어디서부터 어떻게 시작해야 하는지 늘 막막하기만 하다. 그래서 건축은 무겁고 어렵다.

"땅이 하는 얘기를 듣자." 이 말은 우리 건축하는 사람들이 많이 알고 있는 말이다. 참 좋은 말이지만 또한 어려운 말이기도 하다. 하지만 시작할 땐 꼭 맨 처음 해야 하는 가장 중요한 일이기도 하다. 땅은 한 번에 자기의 얘기를 다 들려주는 것 같지 않다. 여러 번 발품을 팔아 그 자리에 가서 느껴야만 비로소 조금씩 들려주는 것 같다.

2. 감동이 없으면 건축이 아니다, 그건 건설일 뿐이다

대개의 사람은 건축을 건설쯤으로 생각하는 것 같다. 하지만 건설과 건축은 너무 큰 차이가 있다. 건축가는 그 차이를 만들어내야만 한다. 곧 다름 아닌 감동을 만드는 일이다. 어려운 일이다. 그래서 건축은 어렵고 무겁지만, 매우 중요한 일이기도 하다.

3. 건축은 사랑이며 사람이다, 자랑이 아니다

내가 만들어 본 말이다. 내가 보는 건축의 본질은 우선 건축가 자신의 디자인 자랑이 될 수 없으며, 또 그래서도 안 된다고 생각한다. 건축은 그곳에 머물, 또는 그곳을 스치며 지나는 모든 사람, 그 이웃들을 위한 것이어야 하고 바로 그 사람들을, 그 영혼들을 사랑함에서 우러나오는 건축이어야만 한다. 사랑이 바탕이 되지 않는다면 그 건축은 결코 좋은 건축이 될 수 없을 것이다.

4. 삶을 짓고 감동을 주는 건축가

건축가의 사명을 말함이다. 건축가는 다른 사람의 삶에 영향을 주는 사람일 수밖에 없다. 시골에서 자란 사람과 서울에서 자란 사람의 정서가 다르고, 아파트에서 자란 사람과 주택에서 자란 사람이 다를 수밖에 없는 것처럼 살아온 환경에 따라 모두는 작든 크든 영향을 받고 살 수밖에 없다. 건축은 바로 그런 환경을 만드는 일이다. 그래서 늘 깊이 생각해야 하고 계속 공부해야 하고 끊임없이 깨달아야 하는 것 같다. 사람들의 삶을 지어야 하기 때문에.

5. 나이 많은 늙은이가 아니라 잘 익은 건축가로 살자

누구나 세월이 가면 늙기 마련이다. 또 늙으면 육체적 능력은 떨어질 수밖에 없다. 나는 건축이라는 일을 한다. 짧은 호흡이 아니라 긴 호흡으로만 가능한 이 길, 건축을 한다. 젊음의 파격적이고 재기발랄한 디자인이 좋을 수도 있다. 또 그것이 능력이 될 수도 있다. 하지만 그러지 못한 우리 같은 나이든 건축가는 어떤 모습이어야 할까?

그 답을 적어 본다. 좋은 건축은 잘 익은 생각 속에서 만들어진다. 그래서 세월이 필요하고 훌륭한 건축물은 나이가 많이 든 건축가의 작품인 경우가 많다. 그렇듯 나도 다른 사람들에게 사랑을 전하는 힘과 능력이 아직 남아있다고 나 스스로 용기를 주고 싶다. 그냥 세월 따라 흘러버린 늙은이가 되지 말고 생각과 삶이 잘 익은 건축가가 되었으면 좋겠다.

백내장 수술 후유증

얼마 전 오랫동안 별러왔던 백내장 수술을 했다. 나는 별생각 없이 두 눈을 한꺼번에 수술했다. 처음 상담할 때 병원에서 "한꺼번에?"하고 갸우뚱하는 듯한 반응을 보였지만 그 이상 특별한 이야기가 없어서 그래도 되는 줄 알았다.

수술 하루 전 곰곰이 생각해보니 눈을 뜬 상태로 하는 수술이라 수술상황이 다 보일 수 있겠다는 걱정이 되었다. 겁도 좀 나고 해서 인터넷을 뒤져 수술 후기 같은 글들을 찾아보았는데, 그 부분에 대해서는 별 정보가 없어서 다음날 살짝 두려움을 안고 수술에 임할 수밖에 없었다. 나 같은 사람의 두려움 등을 알아서 잘 처리해 주리라는 의학과 과학발전의 힘을 믿으면서.

수술 방 침대에 누워있는데 수술에 들어가기 직전 내 얼굴에 여러 겹처럼 보이는 두꺼운 반투명 비닐을 덮었다. 수술할 한쪽 눈만 노출되는 것 같았다. 이어 마취약인 듯한 것이 눈에 들어가면서 물인지 소독약인지 모를 액체가 눈에 계속 뿌려지며 수술을 하는 것 같았다. 뿌려지는 물 때문에 수술 도구는 자세히 보이지 않았고 흐릿한 형태만 내 눈앞을 왔다 갔다 했다. 손을 꼭 쥐고 참을 만큼의 고통이 서너 번 지나가더니 한쪽 눈 수술이 끝났단다. 불과 2분 정도.

이어서 반대편 눈도 똑같은 순서로 진행되었다. 그렇게 수월하게 수술이 끝나면서 나는 이런 생각이 들었다. 만약 얼굴을 덮었던 비닐이 투명하거나 완전히 불투명했다면 어땠을까? 불투명했다면 아주 답답하면서 더 두려웠을 것 같고, 또 부어지는 액체가 없었다면 수술 도구를 그대로 봐야 하는 두려움이 있었을 것 같다. 하지만 반투명 비닐과 액체로 이 모든 문제가 깔끔하게 해결된 것이다. 역시 의학과 과학의 발전! 아마도 나 같은 생각을 담아 수술 도구나 방법들을 연구했으리라 나는 굳게 믿었다.

수술이 끝나고 안정실로 이동하여 눈에 보안대를 차고 드디어 제대로 세상을 볼 수 있었다. 수술 과정에서도 살짝 보였던 세상이 전과는 많이 달라 보였지만 끝나고 제대로 보니 완전, 정말 딴 세상이 보였다. 전엔 절대 알아볼 수 없을 거리에 있는 우리 딸이 아주 선명히 보였다. 내가 딸이 보인다고 했더니 곁에 있던 아내가 놀랄 정도였다.

하루를 보내고 밤을 지나 드디어 운명의 다음 날이 왔다. 아침에 눈을 뜨는 순간 정말 다른 세상이 내 눈앞에 펼쳐졌다. 충격 그 자체였다. '브라운관 TV를 보다가 FULL HD TV를 보는 것 같았다.'고 했던 수술 후기처럼 딴 세상이 내 눈 앞에 펼쳐지면서 전날 저녁 식사 때 잠깐 보며 강한 인상을 받았던 기억이 떠올랐다.

그건 다름 아닌 김치에 묻은 고춧가루 색깔이었다. 수술 전 내게 보이던 그 맛있는 빨간 고춧가루의 색깔이 지금 내 눈에는 빨갛다 못해 핏빛으로 보였다. 이내 이곳저곳의 빨간색을 찾아 다시 확인해보았다. 역시 핏빛이다, 이제는 노란색, 또 파란색…

모든 색 특히 원색계열의 색깔들이 원래의 색, 내가 보아왔던, 느껴왔던 그 색이 아니다. 지금 내가 보고 있는 이 색깔이 정말일까? 아니면 그동안 보아왔던 색깔이 정말일까? 다른 사람에게 물어본들 확인할 수 없다. 내 눈과 다른 사람의 눈의 느낌을 동시에 비교하는 것이 불가능하니까…. 갑자기 가슴이 답답해지기 시작했다. 진짜 내 눈을 영원히 잃어버린 듯한 느낌이 나를 약간의 공포 속으로 밀어 넣고 있었다. 괜히 두 눈을 한꺼번에 수술했다고 비로소 후회가 밀려온다.

다들 한 쪽씩 하는 것 같긴 하던데, 수술 전 상담 때도 별 얘기도 없고 또 두 번 수술하기도 싫어서 한 번에 끝냈더니 이렇게 충격적일 줄은 정말 몰랐다. 그럴 수 있다는 설명도 없었으니 병원 측이 좀 야속하기도 했다. 내가 너무 예민한가 보다 생각하며 아내가 주는 신경안정제 한 알을 먹고 안정을 찾으려 노력했다. 맘을 추스르고, 시간이 지나면 처음 낀 도수 높은 안경도 차츰 적응되어가듯 이 색깔들도 차차 제대로 보이리라 나 자신을 위안하였다. 이런 얘기를 들은 우리 직원 하는 말이 나를 조금은 안정하게 해준다.

"지금 보시는 게 진짜예요. 남들은 다 그렇게 보고 있어요. 그러니까 벌써 하셨어야죠."

나의 상황도 잘 모르면서 위로해주는 모습이 이쁘기만 하다.

그러면서 눈이 침침했던 동안 만들어졌던 건물들의 색상은 과연 어땠을까 몹시 궁금해졌다. 혹시 내가 고집부려 선정한 색상들이 이상한 것은 아닐까? 내가 고른 자재들의 느낌이 잘못된 건 아닐까? 자꾸 걱정되어 얼른 가서 확인해보고 싶었다. 그런데 그럴 수는 또 없다. 왜냐하면 시력 등이 안정되고 나면 내 눈에 또다시 지금과 다르게 보일 수도 있으니까. 어쩔 수 없이 좀 더 두고 기다릴 수밖에 없었다.

생각을 정리하고 답답한 마음으로 안경원으로 가서 그동안 쓰던 안경을 가지고 당분간 보호용으로 쓰려고 도수 없는 알로 교체하여 썼다. 그러면서 이런 느낌이 드는 것이었다. 조금 전과는 다르게 지금은 안경을 써서 세상이 이렇게 보이는 거라고. 안경을 벗으면 원래 내 눈으로 돌아갈 것 같은 착각이 드는 것이다. 맨눈이나 다름없는 도수 없는 안경으로 인해 내 마음이 달라진 것이다. 하기야 오십 년 넘게 안경을 써왔으니 안 쓰고 세상을 보는 게 이상하기도 하지. 사람의 마음은 이렇듯 참 묘한 것 같다.

그리고 눈이 바뀌고 또 하나 나를 힘들게 하는 게 있다. 그건 내가 나를 보는 일이다. 한마디로 충격적으로 늙음이 그대로 적나라하게 보이는 점이다. 많이 서글프다. 또 자신감도 많이 떨어진다. 나의 미래가 많이 두렵고 또 지금부터 내 일을, 내 인생을 어떻게 마무리를 잘해야 하나 고민이 좀 더 깊어간다.

참 백내장 수술 하나가 내게 많은걸 가르쳐 주고 있다. 한편 나이가 들면 그냥 적당히 보며 적당히 착각하며 사는 게 하늘의 뜻이 아닌가 하는 생각도 들면서….

이 나이에 아직도

이 나이에 아직도 일의 모든 과정과 결과를 일일이 책임지고 이끌어 가는 것이 요즘 부쩍 너무 힘에 부칠 때가 많다. 지금쯤은 내가 기본계획 설계를 하면 그 이후에는 직원들이 적절히 알아서 처리해주고 중요한 부분이나 해결이 잘 안 될 때 한 수 가르쳐주듯 처리하며 지내야 하지 않나? 하는 생각이 많이 든다. 좀 나이와 연륜에 맞게 그리고 좀 폼 나게 말이다.

근데 나는 예전보다 오히려 더 많이 일의 처음부터 마지막까지의 전 과정을 끌고 가고 있고, 그러다 보니 마음이 지쳐 일을 그만두고 싶을 때도 종종 있다. 본격적인 설계를 – 본 설계라고 함 – 처리해줄 직원들도 없고 오직 딱 한 사람만 나하고 함께 일하고 있으니 이 모든 짐을 내가 지고 갈 수밖에 없는 게 엄연한 현실이다. 직원 한 사람이 혼자서 본 설계 부분을 다 책임지고 갈 수가 없기 때문이다. 한 명만 더 있어도 조금은 더 생각처럼 처리할 수 있을 것 같은데… 10여 년 전 운영의 어려움으로 직원을 1명으로 줄인 이후 지금까지 계속 더 늘릴 수 있는 상황이 되지를 않아 이렇게 지내고 있다. 사실 경제적으로만 보면 그 한 명이 벅찰 때도 종종 있다. 결국, 경영상으로 보면 이 일을 정리하고 은퇴하느냐 아니면 지금처럼 북 치고 장구 치고 계속 이렇게 해나가야 하느냐의 선택뿐이다.

그러다 보니 가끔 참 힘들다. 하지만 돌아서서 혼자 곰곰이 나를 가만히 들여다보면 내 속에는 그런 현실적인 귀찮고 어렵고 벅참보다는 '이제 겨우 건축을, 이 일을 해볼 만한데'라는 건축의 본질에 관한 기대에 더 마음이 붙들려있는 나를 발견한다. 다시 말하면 내 욕심은 해볼 만한데 라고 느끼는 바로 그 부분 - 건축의 본질인 기본계획 설계 - 에만 나를 매진하고 싶은 것이다. 근데 지금의 현실은 그걸 하기 위해 나머지 일들까지 내가 지고 갈 수밖에 없으므로 속이 상하는 것이다.

그런 속상함을 해결하려면 직원을 충원하거나 시스템을 바꿔야 한다. 현실적으로 충원이 어려우니 시스템을 바꿔 이 귀찮은 일 전체를 외주 처리하는 시스템도 있긴 하다. 그런데 그렇게 변경할 때는 이런 문제가 있다. 설계라는 것이 해나가는 과정에서 그때그때 변경되거나 보강되어야 하는 경우가 빈번히 생기기 마련인데 외주 시스템에서는 그렇게 하기 어렵다. 그러니 현재로는 지금처럼 그냥 모두를 안고 가는 방법밖에 없다.

그래서 혼자 가만히 생각해볼 때면 맥도 빠지고 의욕도 떨어지고 힘들기도 하다. 스스로 힘을 내보려 하지만 잘 안될 때가 많다.

돈을 잘 버는 건축가도 아닌 것이, 뛰어난 명성으로 남들이 알아주는 건축가도 아닌 것이, 강의도 하며 설계도 하는 겸업 건축가도 못 되는 것이, 결국 이도 저도 아닌 여전히 꿈만 꾸고 있는 동네 건축가의 현실이 이런 건가 싶기도 하다.

한때 잠시 대학강의를 했던 적이 있었다. 같이 사무실을 운영하던 동업자 선배로부터 추천되어 일 년 중 한 학기만을 3년 정도 대학에 나갔다. 그로 인해 졸업생 중 우리 사무실에 근무한 직원이 생기기도 했고, 3년째 되던 해는 다른 학기에 다른 과목도 한번 해보지 않겠느냐며 의뢰도 받고 준비도 했다가 대학 내 높은 분 줄서기 같은 일들로 인해 강의 추가는 없던 일로 되었고, 그때를 마지막으로 강의하던 과목도 폐강되어 가르치는 일은 더는 없었다. 그때 느꼈던 점이 내가 왜 대학원을 안 갔을까 하는 것이었다. 물론 공부가 싫었고 별 필요를 느끼지도 못했기 때문이었다. 대학 나와 설계하며 살고자 했으니 그렇게 졸업하고 사무실 잘 다녔고 때가 되어 내 사무실 운영도 하고 있었으니 이젠 잘해서 성공만 하면 되는데 대학원은 왜 필요한 거야? 라고 교만한 생각이 가득했던 것이다.

근데 세상은 내 생각처럼 그게 아니었다. 매사는 좀 더 크게, 좀 더 길게 준비해야 하는 것이었다. 그것도 때에 맞춰서. 난 그걸 놓친 것이다. 그러다 보니 이후 그런 얘기가 나올 때마다 학벌이 문제가 되었다. 석사 이상이어야만 가능한 일들이 여러 번 거론되었다. 그런데 그땐 너무 늦었다.

그래서 한번은 아들더러 이런 얘기를 하며 너도 어찌 될 줄 모르니 기회 될 때 꼭 준비하도록 하라고 했더니 이 녀석 예전의 나처럼 여러 이유를 들며 필요 없단다.

아~ 부전자전이다. 엄마를 닮을 일이지….

그렇다. 앞일을 아는 사람은 한 사람도 없다. 그래서 필요한 건 늘 준비된 자가 되어야 하는 것이다. 늘 겸손한 마음으로 노력하며 준비하며 한발 한발 나아가는 자, 그 사람이 더 크게 더 귀하게 쓰임 받는 자일 수밖에 없는 것이다.

직접 본 중국건축

얼마 전 처음으로 가족들과 함께 중국 상해를 여행했다. 비행기 좌석이 창가 쪽이라 도착 전 공항 주변의 하늘을 날며 공중에서 중국건축을 볼 수 있었다. 신도시를 만드는 듯한 인상의 지역이 먼저 눈에 들어왔고 하늘에서 봐도 독특한 몇몇 건물들이 눈에 띄었다.

여러 잎사귀를 모은 것 같은 형태의 건물, 물결치는 듯한 곡선형 지붕을 가진 건물, 그런 독특한 형태가 얼핏 보기에는 모양처럼 특수한 기능을 담은 것 같지는 않았다. 지역과 주변과도 전혀 관계가 없는 것 같지만 돈은 많이 들인듯한 새 건물이었고, 주변은 개발 중인 듯 썰렁했다. 이어서 비행기가 착륙해 지나는 공항건물은 낮은 저층형 건물로 규모가 아주 크게 보였다. 이 정도 되면 2개의 건물 정도로 나눠 지을 것도 같은데 그냥 하나로 된 대형건물이었다. 착륙해서 게이트로 가는 길도 무척 길었다.

일단 중국의 첫인상은 크고 뭔가 강렬했다. 공항을 빠져나와 도착한 우리가 묵을 호텔은 시내 중심가에 자리 잡고 있었다. 가족여행에서 늘 딸은 아빠를 위해 전망이 좋은 곳을 우선하여 숙소를 정하기 때문에 이번에도 전망은 아주 좋았다. 호텔 라운지에서 보이는 야경은 무척 화려했다. 특히 야경을 감상하기 위해 시내에 나가 직접 본 상해의 상징인 동방명주가 있는 지역은 정말 그 화려함이 극치를 이루고 있었다. 동방명주의 모양과 그 색깔은 더할 수 없을 정도로 휘황찬란했다.

한편으로 강을 사이에 두고 동방명주 반대쪽 강변은 분위기가 전혀 다르게 오래된 건물들의 단순한 조명으로 대조를 이루는 멋을 잔뜩 내고 있었다. 한쪽은 요란하게 번쩍거리며 초고층을 뽐내고 있다면 다른 한쪽은 백여 년 전에 지어진 저층 건물들로 긴 거리를 이루며 순수 조명만이 그 건물들을 환하게 비추고 있어 무척 대조적이었다. 그래서 강 이쪽저쪽을 배를 타고 오가며 보는 재미가 쏠쏠했다.

중국의 건축에 관한 첫인상은 과장된 디자인이 곧 이곳 디자인 특징인 것처럼 느껴진다는 것이다. 자연스럽게 주위와 조화를 이루지 않고 모두 제각각 있는 대로 멋을 부린 디자인 전시장 같기도 했다. 그리고 중국건축은 크고 무척 대담하고 화려했다. 어쩌다 하나가 그러면 무척 어색할 수도 있을 텐데 모두가 그러니 그렇게 어색하게 느껴지지는 않았다. 그리고 근대건축물의 보전과 함께 그 건물들이 현대적으로 잘 사용되고 있어서 그런 부분도 생각보다 무척 좋아 보였다. 가끔 사진이나 건축사이트에서 보는 것과 현지에서 직접 보았을 때 느낌이 사뭇 달랐다.

그러다 다음날 일본의 유명한 세계적인 건축가인 '이소자키'가 설계한 콘서트홀이 그곳에 있다고 해서 찾아갔다. 정말 내겐 감동적으로 아름다웠지만, 이곳의 느낌으로는 오히려 너무 소박해서 이질감을 주는 듯도 했다. 건축은 역시 현장성이 무척 중요하다는 것을 새삼 느끼게 된다.

그리고 많이 보고 싶었던 '왕수'라는 중국 건축가의 건물은 너무 멀어 가 볼 수가 없었다. 그분은 무척 독특한 건축세계를 가지고 있어서 정말 궁금한 분이다. 중국 건축가로서만이 가질 수 있는 중국적 건축 본질을 볼 수 있을 것 같아 꼭 보고 싶었지만 어쩔 수 없이 다음 기회로 미룰 수밖에 없었다. 아쉬웠다.

은퇴 후에 하고 싶은 일

오늘 교회 설교시간에 목사님께서 본인이 은퇴 후에 하고 싶은 일을 말씀하셨다. 분란과 갈등으로 어려움에 처한 교회로 가서 그 갈등을 화해로 이끄는 일을 하고 싶다고 하셨다. 때로는 그 일이 힘들기도 하겠지만 그래도 너무 보람된 일이기에 얼른 은퇴하고 싶다고 하셨다. 생각이 참 멋있다. 그리고 참 보람되고 좋은 일이라 생각된다. 나도 곰곰이 나를 돌아보았다.

지금까지 이 일을 40년 동안 해왔고 지금도 하고 있지만, 과연 내가 은퇴한다면 무슨 일을 할 수 있을까? 무엇을 하면 살아온 세월이 헛되지 않을까? 어떻게 하면 내가 살아온 세월이 다른 이에게 도움이 되고 또 말년이 행복하고 보람될까? 할 수만 있다면 지금까지 해온 이 달란트로 다른 이를 도울 수 있으면 제일 좋을 것 같다.

그런데 설계란 직업으로 남들에게 도움을 주는 게 쉽지 않다. 일단 설계 전체를 무료로 해 줄 수가 없기 때문이다. 왜냐하면, 설계라는 게 나 혼자 할 수 있는 게 아니라 여러 분야의 사람들이 연합해야만 가능한 일이기 때문이다. 가능한 방법이라면 내가 할 수 있는 부분을 무료봉사로 할 수는 있을 것이다.

그런 방법이 경제적인 면에서 약간의 도움은 되겠지만 꼭 좋은 것만은 아니기도 하다. 많은 비용이 드는 건축에서 설계비가 차지하는 비율은 아주 미미하기 때문이다. 오히려 설계비를 아낀다고 건물 전체를 망칠 수도 있다.

결국, 방법은 설계비가 안 들게 하거나 절약하는 것보다는 좋은 건물을 만들 수 있도록 돕는 일이어야 할 것 같다. 또한, 엉뚱하게 돈을 허비하지 않도록 도와주는 일일 것 같다. 정해진 건축비용을 최대한 필요한 곳에 쓸 수 있도록 돕는 것이다. 그 방법으로 컨설팅이나 교육 같은 형태의 재능기부라면 가능할 것도 같다. 그간 축적된 나의 경험 등을 알려주거나, 검토해 주거나, 설계의 기본 틀을 잡아 주거나 하는 일일 것이다.

경험에 비추어보면 건축주들 대부분이 건축을 처음 대하는 경우가 많아서 건축에서 중요한 일에 대한 진행방법을 잘 모를 뿐 아니라, 상당히 큰 비용이 들어가는 일임에도 어떻게 해야 하는 것이 좋은 방법인지를 잘 모르는 경우가 많다. 특히 설계단계에서 대부분의 일이 좌우됨에도 불구하고 그 중요함을 잘 인식하지 못 하는 경우가 매우 많다. 그리고 또 좋은 건축에 관한 개념 또한 부족하여서 그런 점의 길잡이가 되어주는 것은 매우 중요할 것 같다.

그런 일을 무상으로 컨설팅해준다면 좋지 않을까? 특히, 내게는 사회복지 시설에 관한 경험이 상대적으로 다른 건축가보다 많으니 그런 분야라면 더욱 할 수 있을 것 같다. 결국, 내가 하고 싶은 일은 그렇게 함으로써 나의 사랑을 그 건축 속에 담아 흘려보내는 일이다.

내가 하고 싶은 '사랑의 건축', 그 길을 가는 것이다. 과연 나의 도움이 얼마나 필요할까? 한편으로 의심도 들지만, 열심히 하나하나 돕다 보면 될 수 있지 않을까 생각이 든다. 언젠가 신앙생활을 열심히 할 때 이런 소망을 가져 보았다.

'어려운 교회설계 무료로 100개 하기', 하지만 지금까지 실적은 달랑 6개뿐이다. 또 그렇게 될지는 몰라도 그러면 어쩌랴… 이번에도 일단 목표만큼은 100개쯤 잡아보면 어떨까?

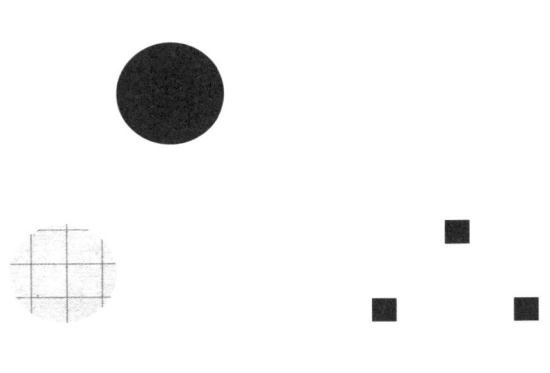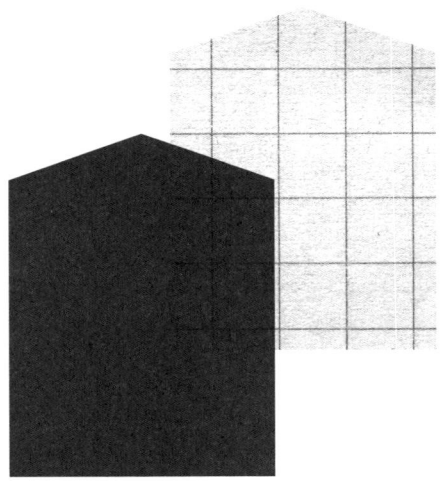

2 당신을 위해 만든 창문

장애아들의 환호

어느 장애 영유아 거주 시설을 설계할 기회가 생겼다. 기존 시설이 너무 낡아 허물고 새집을 짓는 일이었다. 여기 거주하는 어떤 아이들은 와상 장애여서 늘 누워서 생활해야 하는 아이들도 여러 명 있었다. 설계 전 아이들의 상황과 건축할 부지를 살피러 처음 그곳에 방문한 이후로 내내 맘이 아프고 힘들었다. 너무 열악한 환경에서 아이들은 물론 돌보는 선생님들까지 생활을 이어가고 있었다. 내가 그 아이들을 위해 해줄 수 있는 일이 무얼까 하는 깊은 고민과 함께 설계에 들어갔다.

그때는 정부 정책의 방향이 '장애인 시설의 탈시설화'가 진행되던 때여서 거주 시설을 일반 주택처럼 짓는 것이 권장되었다. 나는 시설 전체를 4개 거주 유닛으로 나누어서 집을 4채를 만들고 놀이실, 치료실, 식당, 사무실 등 여러 목적의 공간들을 추가했다. 그리고 와상 장애아들을 위해서는 필요한 곳에 바닥까지 내려오는 창을 만들고, 어떤 방은 아이들 키에 맞춰 방을 잘 내다볼 수 있도록 창 높이를 조정했다. 각 유닛의 내부 구성은 4채가 서로 비슷하지만, 집마다 특징을 부여해 조금씩 다르게 만들었다. 그리고 모두 유닛에 외부와의 접촉을 늘리고 피난의 기능도 할 수 있도록 작은 베란다를 하나씩 만들었다. 그렇게 설계를 완성한 다음 나는 그 시설의 이름을 '4개의 작은 집'이라 붙였다.

또 멋진 인테리어 디자이너의 손길로 어느 한 곳 빠짐없이 아이들 눈높이에 맞춘 실내디자인도 잘 더하여졌다. 그렇게 해서 그동안 보지 못했던 예쁜 새로운 장애 영유아 시설이 탄생하게 되었다. 건설사도 작은 공사비에 최선을 다해주었다. 함께한 모두가 고마운 분들이었다.

드디어 개관식 날이 되었다.

마당에 들어서자 거실 창 앞에 서서 밖을 내다보고 있는 아이들이 제일 먼저 눈에 띄었다. 그 모습을 보면서 나는 창 높이를 아이들 키에 맞춰 낮추길 정말 잘했다고 생각했다. 이어 차근차근 내부를 둘러보며 어느 한 집으로 들어갔을 때다. 아이들을 돌보는 선생님이 나를 아이들에게 소개하며,

"이분이 우리 집을 만들어 주셨어요."

하는 말이 떨어지자마자 아이들이 한꺼번에 "야~~" 소리 지르며 내게 달려왔다. 손을 내밀고 안기며 좋아하는 모습에 나는 그만 가슴이 울컥하며 감동이 밀려왔다. 아, 좀 더 잘할 걸 후회도 하며, 미안하기도 했고, 또 한편으로 무거운 책임감과 함께 앞으로는 정말 더 잘해야지 속으로 다짐을 했다.

이 직업을 가지고 일을 하는 동안 내가 생각하고 설계하는 대로 지어진 건물에 사는 사람에게 어쩌면 나는 깊은 영향을 미칠 수도 있다. 그만큼 이 직업은 방심할 수 없고 허투루 할 수가 없는 책임감 높은 직업인 것을 깨닫게 되었다.

그날 이후 내 인생에서 바로 그 개관식 날이 나에겐, 내가 하는 일의 큰 전환점이 되었다. 나를 드러내기 위해 설계하는 것이 아니라 사용자를 우선으로 생각하는 공간을 만들고 그들에게 좀 더 행복과 사랑을 전달할 수 있는 설계를 하려 노력하고 있다. 또 그럼으로써 이 세상에 작지만 아름답고 선한 영향력을 만들지 않을까 자부해 보기도 한다. 지금도 가만 눈을 감으면 아이들이 내게 달려오던 모습이 눈에 선하다. 장애에도 불구하고 해맑던 아이들의 모습에서 내가 최선을 다해 설계해야 하는 이유를 깊이 느끼게 된다.

1면 광고의 위력

25년 전쯤인 것 같다. 알고 지내던 건설사로부터 서울 근교에 목조 주택단지 설계를 의뢰받았다. 단독주택으로 18세대 단지였다. 그때는 전원주택 유행이 막 시작되던 시기였고, 목조주택도 처음 보급되던 시기였다. 당시 내가 살고 있던 목조 전원주택단지가 언론을 통해 제법 알려졌는데, 이 건설사에서도 그런 방향으로 새로운 사업 방향을 세운 모양이었다.

하지만 당시에 전원주택 바람이 불면서 자본이 약한 시행회사나 개인들이 부지 분양을 먼저 하고 그다음으로 건물을 완성해 가는 경우가 많은 탓에 오랫동안 완성되지 않고 군데군데 비어 볼품없는 소규모 주택단지들이 많았다. 내가 살았던 단지도 비슷한 경우였다. 그래서 이번 단지는 분양과 관계없이 건설사가 단지 전체를 완성하는 것을 전제로 일을 시작했다.

그러다 보니 설계도 자재 주문도 한 번에 처리할 수 있었지만, 시공 방법이 문제였다. 당시 국내에는 목조공사를 할 수 있는 인력이 우리 단지를 공사했던 사람 정도밖에 없었다. 그들만으로 단지 전체를 제한된 시간 동안 공사하는 것은 불가능했다. 그래서 건설사와 상의 끝에 미국 자재회사에 요청해 목조공사를 할 수 있는 팀을 초청하기로 했다. 그렇게 한국 목수팀과 미국 목수팀을 구성하고 공사를 진행할 수 있게 되었다. 의도한 건 아니었지만 두 팀 사이에 경쟁하는 구도가 은연중에 만들어졌다.

두 팀은 공사하는 방법이 서로 달랐다. 한국 목수팀은 공사를 바로 시작했지만, 미국 목수팀은 도면 등을 두고 며칠씩 열띤 협의를 했다. 그렇게 처음엔 한국 목수팀의 진도가 빨랐지만, 작업 중반쯤 들어서더니 서서히 더뎌지기 시작했고 결국 미국 목수팀이 먼저 공사를 끝냈다. 목조공사에 관한 경험의 차이가 컸겠지만 철저한 사전준비가 중요하다는 것을 알게 해줬다.

그렇게 각 팀이 한 채씩 공사를 마쳐 갈 무렵 시공사에서 분양해보기로 했다. 공사가 완료된 집 두 채를 완전한 꾸미기 집으로 만들고 집을 살만한 사람 100여 명을 초대해 현장에서 근사한 가든파티를 열었다. 그러나 결과는 1채 예약에 그치고 말았다.

회사는 고민에 빠졌다. 나는 원래 취지대로 단지 전체를 완성하고 나면 상황이 많이 달라질 거라는, 경험에 비춘 조언을 했다. 꾸며지고 완성된 단지와 그렇지 않은 단지의 차이가 무척 크다는 것은 내가 직접 단지를 만들면서 깊이 느낀 바이기도 했다. 어쨌든 집은 계속 지어나갔다.

총 네 채가 완성되었을 때 회사에서 새로운 분양 계획을 세웠다. 이번에는 완성된 네 채 부지에 조경공사까지 모두 완료하고 전문가의 손을 빌려 완성된 집 네 채를 담은 사진을 잘 찍은 후 주요 일간지 한 곳과 경제지 한 곳에 제일 비싸다고 알려진 1면 하단광고를 실은 것이다. 광고지면 대부분을 잘 찍은 사진으로 채우고 '실제 단지 사진'이라는 설명을 붙였다.

그 결과는 놀라웠다. 광고가 나고 딱 3일 만에 18세대 전부 계약되었다. 값도 건설사가 정한 제법 높은 가격 그대로였다. 그뿐만이 아니었다. 그 회사가 단지를 만들면 바로 사겠단 대기 수요도 수십 명이 생겼다. 정말 기가 막힌 아이디어였다.

이후 공사는 일사천리로 진행되었고 일부 건물은 주인의 요구로 부분 변경이 이루어지긴 했지만 대체로 원설계대로 모두 완성되었다. 또 단지 내에는 작은 공원 겸 놀이터도 있고, 경비실도 있고, 자동 출입 차단 시스템으로 출입 관리도 이루어져 당시로서는 보기 드물게 단지 내 보안 문제도 잘 되어있는 그야말로 잘 갖춘 전원주택단지가 탄생하였다. 물론 건축경기가 위축되어가던 시기라 돌파구를 찾아보고자 시작한 사업이었고 불안한 가운데 도전한 사업이었지만 그 결과는 매우 만족할 수준이었다.

그 일을 통해 새삼 느끼는 것이지만 보통의 사람들은 실물 없이 본인 머릿속에 있는 바람대로 만드는 집보다는 실물을 직접 보고 결정할 수 있는, 다 지어진 집을 사는 것을 훨씬 편해하고, 또 미완성인 단지에 비해 이미 다 만들어져서 덜 염려하게 되는 집을 더 만족해하는 것 같다.

또 설계자로서도 단지 전체를 하나의 그림으로 완성할 수 있어서 훨씬 완성도가 높아지는 장점도 있다. 하지만 뭐니 뭐니 해도 신의 한 수가 신문 1면 분양 광고였음은 말할 필요도 없다.

건설사는 대기 수요 고객을 위한 2차 단지 착수에 들어갔다. 건설사 상무와 나는 수시로 부지를 보러 다녔지만 1년이 되도록 만족할만한 땅을 구하지 못한 채 그 사업은 아쉽게도 더 진행되지 못하고 말았다.

그때 그렇게 완성된 주택단지는 어느새 20년이 한참 넘어버렸지만 얼마 전 TV 프로그램에서 나이 드신 유명 연예인 한 분이 그곳에서 사는 모습을 보니 아직 건재한 듯 보였다. 다만 일반적 시각으로 디자인하느라 건축적 완성도는 많이 떨어지는 건 좀 아쉬움으로 남는다. 지금 한다면 좀 더 많이 다르게 할 텐데….

K 전무님

오래전 일이다. 잘 아는 현장소장으로부터 내가 알지 못하는 어떤 분께서 본인이 살 집의 설계를 내게 부탁하고 싶어 하신다는 연락을 받았다. 건설사 현장소장으로 근무하시는 그분과 내가 아는 현장소장과 한 회사에서 선후배로 근무한 적이 있다고 했다. 그 정도 경력이면 많은 설계자를 알고 있을 텐데 하필 잘 모르는 나에게 존경한다는 말까지 섞어가며 부탁을 하셨다. 워낙 정중히 부탁하시는지라 내심 갸우뚱하며 일단 설계를 하기로 했다.

공사는 당연히 그분께서 직접 하셨다. 집이 다 완성되고 얼마 후 집들이에 초대를 받았다. 저녁 식사를 하고 거실에서 차를 마시는데 그분께서 창문 하나를 가리키며 어떤 생각으로 저 창문을 만들었냐고 물으셨다. 거실 높은 벽에 만든 작은 창이었다. 그 집의 거실 천정은 한쪽이 높고 다른 한쪽은 낮은 경사 형태라 외부를 향한 거실 출입 창 상부에 넓은 삼각형 벽체가 생기게 되어 답답함을 없애고 개방감을 높이기 위해 그곳에 작은 창 하나를 둔 것이었다.

그분께서 공사 중간에 그 창을 두고 크게 기능도 없는 것 같고 비용도 절감할 겸 없애면 안 되겠냐고 나에게 물어보신 적이 있다. 나는 취지를 설명하고 많이 힘들지 않다면 그대로 설치하는 게 좋겠다고 이야기했다. 그렇게 그 창문을 살린 채 집을 완성했다.

집 위치가 서울 근교 전원주택지인지라 주변이 산과 자연으로 둘러싸여 있어 도심보다 저녁이 일찍 찾아오는 편이다. 어느 날 그분께서 저녁 거실에 앉았는데 그 작은 창으로 동그란 달이 보이더니 달빛이 거실벽을 비추며 달의 궤적을 따라 움직이는데 너무 좋더라는 것이다. 그래서 어떻게 그런 생각을 했느냐고 물으신 건데 사실 난 그걸 생각하며 만든 건 아니었다.

다시 한번 나의 부족함을 새삼 깨닫는 순간이었다. 달님이 전혀 생각지 못했던 선물 하나를 내게 준 것이었다. 정말 좋은 건축가라면 그런 의도를 가지고 그 창을 만들었겠다고 생각했다. 그러면서 문득 공사 중 포기했던 한 가지가 생각났다. 마당 한 켠에 건물 하부를 이용해서 더운 날 식구들이 나란히 앉아 발을 담그면 딱 좋을 만한 작은 연못을 하나 만들려고 했었는데 공사비 절감 차원에서 스스로 미리 포기했던 게 무척 아쉬웠다.

그분이 오랜만에 우리 사무실로 찾아오셨다. 내가 보고 싶어 오셨다고 하시면서 아직도 식구들과 여전히 그 집에서 잘 살고 계신다고 했다. 내겐 참 고마운 분이다. 나는 그 공사 후 한 번도 내가 먼저 그분을 찾아간 적이 없는데도 그분은 일 년에 한 번 정도는 찾아오신다. 이번에도 찾아오셔서 근황을 얘기해 주셨다. 잘 자리 잡은 회사에 생각지도 않게 전무로 스카우트 되어 늦은 나이에도 바쁘고 재밌게 그리고 예전과는 다르게 좀 여유 있게 지내고 있다고 하셨다. 그리고 그간 쌓은 나름대로의 경험을 살려 그 회사를 좀 더 체계적으로 만들려 노력하고 계신다고 했다.

그러시며 날 보고는 지난번 볼 때보다 훨씬 편안해 보인다고 하셨다. 나는 내심 조금은 그렇게 보일 수도 있을 것 같다고 생각했다. 요 몇 년 전부터 난, 내게 남아있는, 이제는 부질없는 욕심들을 조금이라도 더 내려놓으려 노력해 왔다. 어떤 의미에서 인생 정리를 시작한 것이기도 하다.

혹시 그 모습이 비쳤을까? 암튼 그랬으면 좋겠다. 내 맘의 욕심들을 내려놓고 좀 더 편한 얼굴로 다른 이들을 대하고 또 그들을 사랑하며 좀 더 평안한 맘으로 살아가길 나 스스로 바라고 있다. 또 그런 마음으로 남은 내 건축도 하고 싶다.

시골교회 리모델링 설계

어느 날 교회에서 건축 관련 담당자가 나를 찾았다. 시골 어느 교회에서 리모델링을 하겠다고 설계하는 사람을 소개해 달라고 했단다. 그런데 설계비로 지출할 수 있는 비용이 너무 적어서 부탁할 사람이 마땅치 않은데 날 더러 좀 도와줄 수 있겠냐는 것이었다. 좀 맘이 답답하긴 했지만 일단 만나 보겠다고 하고 그 교회로 연락을 했다. 늘 그렇듯 현장을 보지 않고는 뭐라 말할 수가 없어서 내가 먼저 현장을 보고 말씀을 드리겠다고 하고 그 교회를 방문했다. 무척 시골이었다. 경북의 어느 면 소재지에 있는 작고 역사가 깊은 교회였다. 교회와 주변을 둘러보고 목사님과 장로님들과 이 일을 우리 교회에 부탁하신 집사님-우리 교회에서 근무하시다 고향으로 가신 분-을 만나 이러저러한 얘기를 나눈 후 일단 계획안을 만들어 다시 오겠다고 약속하고 서울로 올라왔다. 궁리 끝에 계획안을 만들어 다시 그곳으로 내려갔다. 만든 계획안을 펼쳐놓고 자세히 설명해 드렸다. 계획안 속 교회는 안과 밖이 당시와는 모두 완전히 달랐다.

목사님을 비롯해 자리에 있던 분들이 적잖이 놀라 당황하고 계실 때 나는 한 가지 제안을 했다. 만약 이 계획안을 끝까지 그대로 시행하실 의향이 있으시면 설계와 감리를 무료로 해드리겠다고 한 것이다. 깜짝 제안에 놀란 나머지 바로 결정을 내릴 수가 없으니 상의하고 연락을 주시겠다고 하셨다. 며칠이 지나 담당 장로님께서 연락을 주셨다. 내 말대로 그대로 하겠으니 설계와 감리를 해달라고 하셨다.

사실 내가 그런 제안을 하게 된 데는 사연이 좀 있었다. 그때까지 우리 교회에서 해왔던 일들이 대부분 진행 과정에서 수정요구가 많아 너무 힘들기도 했고 그중에는 건축적으로는 맞지 않은 요구들도 많았지만 그걸 틀렸다고 따지기엔 교회라는 조직이 좀 어렵기도 했다. 또한, 건축을 하다 보면 내 머리에 있는 것들을 충분히 설명하기 어려운 부분도 있어서 완성하면 이해하게 되는 경우도 있고, 부분적으로 맘에 안 든다고 바꾸면 오히려 전체가 일정한 맥락으로 가지 못해 오히려 완성도가 떨어지는 등의 문제가 있어, 내가 제시한 조건으로 한다면 그런 문제를 말끔히 해결할 수 있었다.

엉뚱하지만 그렇게 한번 해보고 싶었다. 나 스스로 더 확실하게 책임 속으로 밀어 넣어 더 잘할 수밖에 없게 하고, 제대로 된 재능기부를 꼭 하고 싶기도 했다. 그렇게 일이 시작되어 열심히 도면을 그리고 설계를 완료했다. 다행히 마음씨 좋은 그 지역의 시공자도 만나게 되어 공사도 잘 마무리되었다. 그 사장님은 검정, 회색, 백색 3가지 색 작은 모자이크 타일로 가로, 세로 약 4M쯤 되는 예수님 얼굴을 만드는 작업을 뙤약볕에

3~4일을 혼자 하시고는 작업 내내 예수님 얼굴과 함께할 수 있어서 참 좋았다고 하시는 신앙적으로도 훌륭한 분이셨다. 나는 공사 기간 내내 매주 현장을 열심히 다니며 함께 일을 완성했다.

전혀 다른 모습으로 재탄생한 교회 개관식 날 많은 축하객이 오셨고 모두가 만족해하며 감사예배를 드리고 주변의 칭찬도 들어가며 시간이 익어갈 무렵 목사님이 나를 조용히 뒤뜰로 부르셨다. 가만히 보니 마치 방금 우셨던 것처럼 눈이 충혈되어 있었다. 목사님은 주머니에서 봉투 하나를 꺼내시며 이건 설계비와는 전혀 관계없는 것이니 절대 거절하면 안 되고 꼭 받아야 한다고 하시며 이유를 설명해 주셨다.

그 교회 예배당은 2층에 있었는데 교인 중에 노인이 많아 계단 대신 제대로 된 기능을 하지 못하는 외부경사로를 주로 이용해 예배당에 갔다고 한다. 그런데 이번 공사에서 이 경사로를 대폭 개선해서 경사각을 낮추고 폭도 넓히고 지붕도 씌워서 비가 와도 다니는 데 지장 없을 뿐 아니라 휠체어로도 올라갈 수 있도록 새로 설치한 것이다.

그리고 교인 중 전동휠체어를 타는 장애인 한 분이 계시는데, 경사로가 불편해서 올 때마다 늘 나이 드신 분들의 도움을 받아야 하는지라 그동안 너무 마음의 짐이 무거우셨는데 이제는 다른 사람 도움 없이 혼자 다닐 수 있어 정말 좋다고 하셨다고 했다. 그분은 폐지를 주워 용돈으로 쓰실 만큼 형편이 어려운 분이신데도 불구하고 나에게 꼭 전해주라며 봉투에 10만 원을 넣어 주셨다는 것이다. 목사님은 그것에 감동해 눈물이 나셨고…

나는 그만 마음이 먹먹해졌다. 그보다 더 큰 돈을 받는 것보다, 큰 표창을 받는 것보다 뭉클하고 좋았고, 감사했다. 무료로 이 일을 하길 정말 잘했다고 생각했다.

나는 차마 그 돈을 쓸 수가 없었다. 한참을 받은 그대로 보관하다 돈은 어려운 사람들을 돕는 헌금으로 교회에 내고 그 봉투는 여전히 아직도 내 서랍 속에 있다. 감사하게도 그 교회에서는 지금까지도 늘 기도해 주시며 소식을 보내주시고 있고, 또 장로님 한 분은 한동안 우리에게 필요했던 말린 약초를 정성스럽게 준비해서 보내주시기도 하셨고, 그 고장의 특산품인 맛난 사과도 가끔 보내주신다. 이렇게 나눔과 베풂은 세상을 아름답게 만드는 정말 멋진 일 같다.

남은 삶 동안 내게도 더욱 많은 나눔과 베풂의 기회가 있기를 고대한다.

여배우의 집

유명인의 건물을 설계하는 건 설계하는 사람으로 일하면서 할 수 있는 색다른 경험인 것 같다. 오래전 아는 후배로부터 어느 여배우의 집을 리모델링하는 일을 소개받았다. 나는 설계를 위해 먼저 그분을 만났다. 내가 잘 아는 분은 아니었지만 오랜 시간 활동을 해 오신 중견 배우였다. 처음 성우로 시작하셔서 연극도 많이 하시고, TV도, 영화도 열심히 활동하시는 분이셨다. 집에 처음 방문했을 때 서울에 이런 곳이 있나 싶어 무척 놀랄 수밖에 없었다. 집 앞에 있는 다른 집 한 채를 제외하고는 주변 모두가 숲이어서 마치 깊은 산 속에 들어와 있는 것 같은 묘한 느낌이 들었다. 하지만 몇 발자국 내려가 고개를 돌리면 도심이 발아래 펼쳐져 있는 듯 근사하게 내려다보이고, 다시 원래 방향으로 고개를 돌리면 1960~70년대에 지어진 바로 그 집들이 보였다.

아담한 크기의 집은 당시 극단 사무실로 사용하고 있었는데 앞으로 본인이 들어와 살 예정이라 살림집으로 고쳐야 했다. 집 전체는 작은 본채가 하나 있고, 재래식 화장실이 별채로 하나 있었고, 다 쓰러질 듯한 창고 하나가 붙어있었다. 한편에는 제법 큰 바위가 있었고 그 밑으로는 약수물이 떨어지는 작은 옹달샘 같은 것이 있었다. 시간여행을 온 것 같은 착각이 들 정도였다.

낭만도 잠시, 건축적 현실은 무척 난감했다. 작기도 하고 낡기도 한 이곳을 어떻게 고친단 말인가? 그것도 아주 적은 비용으로! 누수도 해결해야 하고, 단열도 해결해야 하고, 기능도 해결해야 하고, 아름다운 환경도 담으면서 배우의 감성도 담아야하는 참으로 난감한 프로젝트였다.

내 또래 연세인 그분은 딸과 함께 살고 있었는데, 그분 얘기론 딸이 늦은 사춘기인지 살짝 어긋나 있다고 했고, 언덕 위 높은 곳에 자리한, 세상과 떨어진 듯한, 교통도 상당히 불편한 이곳에서 살게 되는 걸 많이 싫어한다고 했다. 어쩌면 당연하였다. 긴 고민 끝에 리모델링안을 마무리하고 그분을 만나 계획안 내용을 하나하나 설명했다. 먼저 안방 문 앞에 있는 작은 자투리 공간에 책상 같은 붙박이 테이블 판을 벽에 붙여 만들고, 그 위로 나 있는 창을 통해 대본 연습을 하거나, 딸이 책을 보거나 컴퓨터를 할 때 잠깐 눈을 들어 저 멀리 산 아래 동네를 내려다볼 수 있게 했다.

창고와 화장실을 연결해 드레스룸과 욕실을 만들어 배우에게 제일 중요하다는 의상을 보관하는 마스터 존을 만들었고, 작은 거실을 커버하기 위해 집 앞쪽으로 데크를 내어서 야외 테이블과 의자를 두었다. 데크 끝에는 가벽처럼 목재 스크린 도어를 설치해 반 내부공간처럼 사용할 수 있도록 했고, 서너 칸짜리 계단을 두어 아래쪽 정원과도 연결되도록 했다.

그리고 앞과 옆 창을 통해 계절에 따라 바뀌는 산속 숲을 볼 수 있는 안방 반대편 방을 딸 방으로 꾸몄다. 옹달샘 주변을 정리하여 작은 물길을 만들고 그 주변에 데크를 깔아 한 여름철에는 나무 바닥에 앉아 옹달샘 물길에 발을 담글 수 있도록 했다. 외벽과 천정에는 단열을 새로 설치해 추위와 더위를 피할 수 있도록 했고 풍성한 배우의 감성처럼 세 개의 창문은 두툼한 테두리를 만들어 빨간색, 파란색, 노란색을 칠했다. 얼핏 동화책에서 본 것 같은 집처럼.

나의 설명을 듣고 그분은 무척 기뻐하며 공사할 사람을 소개해 달라고 해서 마침 그 주변에 사는 잘 아는 시공자를 소개했다. 공사는 까다롭기는 했어도 다행히 순조롭게 진행되었다. 그런데 공사를 마무리하고 비용을 정산하는데 돈이 제법 모자란다고 했다. 공사하던 사람도 욕심을 내지 않았고 나 역시 설계비를 받는 둥 마는 둥 했는데도 부족하다니 참 난감했다. 다행히 서로 잘 협의하여 공사비는 일정 기간을 두고 갚기로 했고 나는 감리비를 포기하기로 하면서 모두 마무리하였다.

그분은 이후 고맙다며 연극 공연에서 제일 좋은 자리로 초대해 주셨고, 지금도 종종 전화로 통화하며 맛난 농산물을 보내주시기도 한다. 이사를 내키지 않아 했던 딸도 집을 무척 마음에 들어 했단다. 이후 딸은 엄마와 같은 연기자가 되어 TV에서 종종 볼 수 있어 참 보기 좋았다. 그 집에 산 지 10년 정도 지났을 때쯤 건축가가 유명인의 집에 방문해 집을 소개하는 TV 프로그램에 본인 집이 소개된다며 연락을 주셨다. 다행히 그 건축가의 평가가 나쁘지 않았고 그 모습 그대로 잘 쓰고 있는 것 같아 좋았다.

내게는, 우리 같은 작은 건축가에게는 이런 일들이 돈벌이는 안 되지만 일을 하는 작은 보람이 되곤 한다. 그래서 난 이 일이 좋다.

내가 만든 집에 누군가가 행복해하는 것, 만족해하는 것, 그리고 잊지 않고 고맙다고 얘기해 주는 것….

3 나의 가족

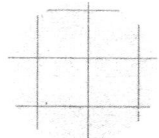

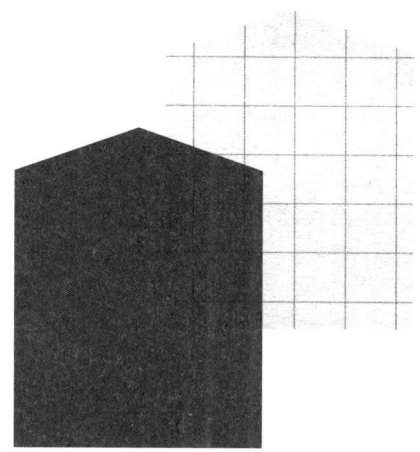

항아리

우리 집 거실과 안방 앞 작은 베란다에는 여러 모양의 항아리들이 잔뜩 놓여있다. 모두가 아내가 구해서 장식해 놓은 것들이다. 그중에는 아내가 운영하던 사무실에 놓여있다가 사무실을 정리하면서 온 것부터 인터넷 등을 통해 사 온 것 등등 다양하다. 새우젓 항아리, 술 항아리, 항아리 굴뚝, 일반 항아리 등 종류도 다양하고 모양도 색깔도 제각각이다. 아내는 항아리를 무척 좋아한다.

그동안은 본인도 일하느라 신경 쓸 겨를이 없었지만 하던 일을 정리하고 집에 있으면서부터는 부쩍 취미가 들려 거실 베란다를 차지하던 자투리 소파 하나를 치우고 하나둘씩 가져다 놓은 게 지금은 그 양이 제법 된다. 나도 항아리 보러 가자는 아내를 따라나서서 근처 용인부터 시작해서 의정부, 충청도까지 가서 사온 적도 있다.

아내의 항아리 사랑은 좋은 항아리가 있으면 안방에 안고서라도 갖고 싶어 할 만큼 지극하다. 주로 크기가 큰 것을 좋아하지만 좁은 우리 집에는 둘 곳이 없으니 늘 성에 차지 않아 하는 것이다.

항아리라고 아무거나 좋아하는 건 물론 아니다. 오래된 것, 약간 거친 듯 손 솜씨가 묻어나는 그런 것, 모양이 좀 남다른 것들을 좋아한다. 그래서 일단 인터넷 중고판매 사이트에서 물건을 확인한 후 사러 가보면 대개 나이가 좀 있으신 여자분들이 친정어머니, 시어머니, 또는 시할머니 등이 쓰시던 거라고 설명해주곤 한다. 제법 오래된 것들이다. 아내가 나름 보는 눈이 있는 것 같다.

항아리에 관해 아내가 가장 아쉬워하는 일이 있다. 예전 전원주택에서 나오던 때, 나 혼자 이사를 해야 했던 관계로 뒷마당에 잔뜩 모아둔 항아리를 갖고 오지 못하고 옆집에 맡겨두었다. 후에 찾으러 갔더니 모두 사라져버려 엄청나게 속상해했던 일이 있다. 하나하나 정성 들여 모아온 것들이었는데 말이다. 보관을 잘못해준 이웃이 문제가 아니라 내가 그 항아리의 중요성을 아내만큼 동의하지 못한 탓일 수 있다. 아내처럼 중요하게 생각했다면 나름대로 방법을 찾았을 것 같다.

지금 생각해보면 아내에게 많이 미안하다. 물론 지금도 나는 아내처럼 항아리를 좋아하는 것은 아니다. 하지만 그 마음을 이해하려 하고 조금이라도 공감하려는 중이다. 마음 같아서는 그런 항아리를 보관할 수 있는 넓은 공간도 마련해 주고 싶다. 전시 방법도 같이 고민해주고.

실은 아내와 나는 취향이 많이 다르다. 아내는 산을 좋아하지만 나는 바다를 좋아하고, 아내는 토속적인 걸 좋아하지만 나는 무척 현대적인 걸 선호한다. 아내는 아담하고 적당히 가려지는 걸 좋아하지만 난 황량하고 펼쳐진 걸 좋아한다. 아내는 시골을 좋아하고 난 도시를 좋아한다. 아내는 동남아, 서양 음식 등 독특한 맛의 음식을 좋아하지만 나는 가장 보통의 우리 음식을 좋아한다.

이렇게 우리는 사뭇 다르다. 그래서 아내는 내가 설계한 건물에 가도 별 반응이 없다. 때로는 거짓말로라도 좋다고 해주면 좋을 텐데 하는 아쉬운 맘이 들 때도 있다. 왜냐하면 그 어떤 것보다 가장 가까운 사람에게 칭찬받는 것처럼 기분 좋은 일이 없기 때문이다. 하지만 그건 어쩌면 내가 아내의 취미를 공감 못 하는 것과 비슷할지도 모르겠다.

그렇게 서로 다른 취향이 세월이 지나며 이제는 조금씩 달라짐을 느낀다. 함께한 세월이 어느덧 40년이 되었으니 그럴 수밖에. 음식은 이미 많이 동화되었고 그 외에 아내의 좋아하는 것도 조금씩 공감이 되고 또 안 되어도 그렇게 해주고 싶다.

더 나아가 좋아하는 근교에 작은 집을 짓고 항아리를 잔뜩 늘어놓을 곳 만들고 좋아하는 농사도 지을 수 있는 그런 텃밭도 만들어주고 싶다. 식사는 아내가 좋아하는 음식들로만 하루 3

끼가 아닌 아내가 좋아하는 하루 2끼로 식사하며 그렇게 살아가는 것도 좋을 것 같다. 과연 그렇게 이뤄질 수 있을까 한편 꿈꾸어도 본다.

동시에 그린 두 그림

내 책상 옆 벽에는 손바닥만 한 자그만 두 액자 속에 내 얼굴을 그린 그림 두 장이 나란히 걸려있다. 하나는 아들이 그린 그림이고 하나는 딸이 그린 그림이다. 그 그림을 그렸을 때가 아들이 대학생이고 딸은 고등학생 때로, 돌아가신 할아버지 장례식장에서 한가한 시간에 벽에 등을 기대고 앞을 바라보고 있던 내 모습을 옆에서 그린 펜 스케치 그림이다.

당시 나는 아이들이 그림을 그리는 것을 전혀 눈치채지 못했고 또 그림을 그린 시간도 아마 조문객이 오지 않는 밤이었을 것 같다. 아들과 딸 둘이서 같은 조그만 노트 속지를 한 장씩 뜯어서 따로따로 그린 그림이었다. 나는 그 그림을 세월이 한참 지난 후에 보게 되었는데 보자마자 아주 만족했고 아이들로부터 선물로 받았다.

두 그림은 한편으로는 아주 비슷하지만 다른 한편으로는 그림의 기본 틀이 매우 달랐다. 아들이 그린 그림은 내 얼굴의 3분의 2 정도만 클로즈업해서 그렸고 딸이 그린 그림은 얼굴 전체에다가 가슴 윗부분까지를 그렸다. 가만히 보고 있으면 아들 그림은 마치, 딸의 그림을 확대해서 부분적으로 잘라 놓은 것 같은 느낌이다. 나의 이목구비를 표현하는 둘의 테크닉은 너무 비슷해서 마치 한 사람이 그린 그림 같기도 하다.

이 그림을 볼 때마다 매번 나는 참 신기해한다. 우선 특별히 그림을 배운 적도 없는 두 아이의 스케치 실력이 아주 좋다는 점이다. 또 대부분 사람마다 그리는 방법이 달라서 그리고 나면 동시에 같이 보고 그려도 다르게 표현되는 게 일반적인 데 비해 우리 아이들 둘은 그 테크닉이 너무 비슷한 것이다. 반면에 보는 시각의 범위가 서로 많이 다르다. 딸은 좀 더 넓은 표현을 하고 있고 아들은 좁은 표현을 더 섬세하게 하고 있다. 사실 우리 아이들 성격이 좀 그런 편이기도 하다. 아들 성격은 나를 닮아서 좀 더 디테일하고 소심한 듯하지만 딸은 엄마를 닮아 좀 더 넓고 무심한 편이다. 물론 스케치 솜씨가 좋은 건 그래도 둘 다 엄마보다 날 닮은 게 아닐까 생각한다.

어쩌다 그 그림을 가만 들여다보고 있으면 나는 그때의 내 심정이 그대로 솟아나듯 느껴진다. 갑자기, 전혀 예고도 없이 돌아가신 아버지를 그리워하며 나는 아주 멍한 표정을 짓고 있었다. 또 마침 아내와의 사이가 좋지 않을 때여서 같이 있어도 서로 마음을 나누지도 못했고 나의 유일한 혈육인 누나는 미국에 살고 있어서 아버지 돌아가신 통보를 받고 아직 오지 않은 상태였고, 오직 우리 네 식구만 지키고 있는 쓸쓸한 장례식장에 어디에도 누구에게도 표현할 수 없는 진한 외로움만 가득한 채 앉아있던 나와, 또 그런 모습을 지켜볼 수밖에 없는 아이들의 생각들, 그 모든 것들이 마치 그 그림에 다 표현되어있는 듯 느껴진다.

그때로부터 긴 시간이 흘렀지만, 여전히 걸려있는 그 그림은 내게 아이들의 마음과 또 내 마음 그리고 아버지의 모습을 모두 느끼게 해 주고 있다.

참 좋은 그림이다.
아이들이 참 고맙다…

아들의 현명한 배신

나는 건축가로서 우리 가족이 살 집을 두 번 설계해보았다. 첫 번째는 우리 집 큰애가 7살 되던 해, 돌아가신 큰 누님의 어린 조카들과 매형과 함께 살 집을 설계했을 때였다. 그때는 생각도 젊고, 의욕도 넘치고, 결과도 괜찮아서 몇몇 잡지를 통해 소개되며 이른 나이에 조금 알려지는 계기가 되기도 했다.

두 번째 집은 경기도 용인 시골에 지은 목조전원주택이다. 그때 우리 집 큰애는 초등학교 4학년이 되었고, 작은애는 막 초등학교를 입학할 때였다. 서울에서 자동차로 1시간 정도의 거리이기는 해도 면 소재 학교인지라 그렇지 않아도 학교에서는 아이들이 서울에서 왔다고 특별히 관심을 받는 중이었는데, 사는 집이 방송에도 나오고 하니 아이들은 이내 학교에서 유명인사가 되어버렸다. 학교 친구들은 우리 아이들 따라 우리 집에 오는 것이 자랑이곤 했다.

실은, 큰애가 서울에 살 때 막 초등학교를 입학하고는, 약간 어눌한 구석이 있던 터라 본인 말로는 학교에서 선생님이 아는 사람 손 들으라고 하면 손은 열심히 드는데 자기는 한 번도 안 시켜 주신다고 좀 소심해 있었다. 근데 상황이 바뀌어 이제 이곳에서는 가만있어도 관심받는 아이가 되어버린 것이다.

그로부터 3년 후 아이들이 호주로 조기유학을 떠났다가 다시 3년 후쯤 돌아오게 되면서 집을 어떻게 해야 하나 고민하게 됐다. 일단 교육 때문에 살던 시골은 벗어나야 했고, 또 당시 학교 왕따 문제가 사회적으로 이슈화됐던 때여서 나는 제일 먼저 왕따 없는 지역을 찾았다. 또 시골에 몇 년 살다 보니 서울로는 다시 들어가는 것도 맘에 내키지 않았다.

당시 나는 전원주택에 살면서 서울로 출퇴근하느라 매일 고속도로로 분당 옆을 지났는데 그때마다 이런 생각을 했다. '사람들은 왜 저런 복잡한 곳에서 살까'라고. 그랬던 내가 어느덧 이사할 곳으로 분당을 돌아보고 있었다. 분당을 여기저기 둘러보면서 든 생각은 우선 도로 상황이 서울과 비교해 아주 좋다는 점이었다. 당시에는 대로를 제외하고는 길가에 한 줄씩 주차해도 교통에 전혀 문제가 없었고, 소득수준이 어느 정도 평준화된 곳이라 그런지 빈부의 격차가 심하지 않아 보였고, 또 대체로 교육 수준도 높아 보였다. 그리고 도시 공간적으로 서울에 비해 여유로워 보였고 경제적으로도 대체로 안정적인 것 같아 왕따 얘기는 들리지 않았다.

분당으로 이사해야겠다 마음먹고는 살던 집을 마침 아는 후배가 사고 싶어 해서 급히 팔았다. 돈은 넉넉하지 않아 우선 분당 아파트 전세를 얻어 이사했다. 이어 아이들이 귀국하고 우리는 전에 살던 여유로운 주택 대신 작은 아파트에 살게 되었다.

두 아이를 학교에 각각 등록하고 3월인가 큰아이가 첫 봄 소풍을 다녀왔다. 그런데 다녀오자마자 담임선생님의 호출이 있었다. 마침 애들 엄마는 하던 공부가 조금 남아 아직 호주에서 귀국하기 전이라 나 혼자서 혹시 아이가 사고를 쳤나 아니면 왕따를 당하나 내심 걱정을 하며 학교로 갔다.

그런데 내 걱정과는 전혀 달리 선생님께서 우리 아이 칭찬을 하시기 위해 부른 것이었다. 선생님 말씀으로는 '어떻게 아이 교육을 하셨기에 아이가 이렇게 훌륭한 일을 하느냐'는 것이었다. 깜짝 놀라 무슨 일이냐고 물었더니 소풍의 모든 일정이 끝나고 아이들은 돌아갈 준비를 하는 데 우리 아이는 뒷 청소를 혼자 하고 있더라는 것이다. 그것도 아무 거리낌 없이 당연하다는 듯 하고 있어서 너무 기특해 연락했던 거란다. 다른 아이들은 하고 싶어도 눈치 보느라 쭈뼛거려서라도 못하는데 우리 아이는 아주 당당하게 즐겁게 하는 모습이 정말 대견하셨다고 하셨다.

참 이 못난 애비한테 저런 훌륭한 아들이라니 결코 나는 아니고 엄마를 닮은 게 틀림없다고 생각했다.

그러고 3년이 지나 아들이 대학을 가야 했다. 우리 부부는 자녀들의 장래에 간섭하고자 하는 마음이 정말 없었기 때문에 늘 본인이 원하는 길로 응원할 준비가 잘 돼 있었다. 또한 공부를 시키기 위해 그렇게 애쓰지도 않았다. 모든 게 거의 자율이었다. 아들이 전공을 뭘 선택해야 하나 고민하다 어느 날 나를 보고는 자기는 건축을 하고 싶다고 했다. 근데 성적이 이만하니 톱 클라스 대학은 안 될 것 같은데 어디를 가면 좋겠냐고 묻는 것이었다. 나는 생각도 못 해봤다. 아들이 나의 뒤를 이으리라고는.

건축을 전공하며 대학을 잘 다닌 아들이 사회로 나와야 하는 시점이 되었다. 난 당연히 설계를 할 것으로 생각하고 내심 좀 규모가 있는 친구사무실에 취업을 시켜 더 나은 시스템의 설계사무실을 충분히 경험시킨 후에 아들이 공부를 더 하면 더 좋고 아니어도 내가 가지고 있던 모든 건축적 대물림을 해주면 되겠다고 내심 생각하고 있었다. 그런데 웬걸, 내 생각과는 달리 생각하지도 못한 아들의 배신이 나를 기다리고 있었다. 졸업이 코앞에 다가왔을 때 아들은 건축을 직업으로 하지 않겠다고 하는 것이었다. 그러면서 그 이유가 자기는 아빠처럼 그렇게 힘들어지고 싶지 않고 조금은 더 수월하게 살고 싶다고 했다. 드디어 사회에 가까이 다가가 보니 이 직업의 다른 민낯이 조금씩 보였던가 보다.

그렇게 아들은 내 곁을 그리고 건축을 떠났고, 아니 발도 들이지 않고 스스로 IT 쪽으로 발길을 돌려 지금은 그 분야에서 일하고 있다. 그래도 가끔은 어느 날 아들이 건축으로 다시 돌아오지 않을까 생각을 해볼 때도 있다. 또 한편 내 눈에는 아들에게 건축적 흔적이 보이는 것 같기도 하다. 지금 하는 IT 일에서도 뭔가를 개발하는 창조적 발상이 건축의 흔적이라 나는 믿고 싶다. 아들을 보면 그런 창조적 일을 재미있어 하고 좋아하는 것으로 보인다.

결국 아들은 아빠를 보며 건축을 시작했고 또 아빠를 보며 건축을 포기하게 된 것이다. 철없던 시절에 우리 집을 두 번이나 지었던 건축의 멋진 한 면만 보고 장래를 꿈꾸다 철이 들어 보이는 건축의 사회적, 경제적 현실의 또 다른 면을 보고 그만 포기를 하게 된 것이다.

내겐 좀 아쉬운 일이지만 어쩌면 그것은 아들의 현명한 배신인지도 모르겠다고 생각했다. 그리고 또 한편 이것이 바로 오늘 우리 건축의 현실로 느껴져 많이 씁쓸하기도 하다.

산소 만들기

우리 아버지, 어머니께서는 20여 년 전 돌아가셨다. 두 분이 사이가 너무 좋으셨는지 어머니가 먼저 돌아가시고 7개월 만에 아버지가 연이어 돌아가셨다. 두 분 모두 평생 고향에서 사셨고, 또 편찮으시다 돌아가신 것이 아니라 갑자기 주무시다가 돌아가셔서 임종을 곁에서 지키지 못했고 남기신 말씀 한마디 없이 떠나셨다. 그렇게 두 분을 모두 떠나보내고 나니 마음이 너무 허전했다.

어머니 장례는 아버지 뜻을 따라 화장을 하고 시골에 있는 할아버지 산소 옆에 자리를 만들었다. 아버지께서 나중에 그곳에 합장을 원하셨기에 돌아가신 후 아버지 말씀하신 대로 어머니와 합장하였다. 그곳은 주변에 증조할아버지, 할머니의 산소가 있는 곳이기도 했다. 아버지께서 살아 계실 때는 아버지 댁과 산소가 아주 멀지 않아서 할아버지 산소 등을 신경 써서 잘 돌보신 것 같았고 그래서 그런지 가보면 늘 좋은 상태를 유지하고 있었다.

나는 어머니, 아버지께서 1년도 되지 않은 시간에 연이어 돌아가신 후 멀리 떨어져 살고 있다는 핑계로 자주 가 보지 못해 산소 주변에 사시는 분께 산소관리를 부탁했다. 아버지가 살아계실 때도 할아버지 산소 등의 관리를 그분께 부탁하셨는데, 산소 옆에 붙어있는 밭을 사용하는 조건으로 일 년에 한 번씩 벌초해주고 필요할 때 조금씩 돌보는 조건으로 하신 것 같았다. 하지만 나는 부모님 산소도 추가되었고 자주 만나지도 못해서 기존의 밭을 이용하는 건 물론 일정 비용도 함께 드리기로 했다. 그렇게 관리를 부탁하고 일 년에 한 번 정도 산소에 들리는데 상태가 갈수록 점점 나빠지는 것이다. 갈 때마다 잡초가 무성해지고 점점 지저분해졌다. 관리해 주시는 분도 나름대로 애를 쓰시는 것 같은데 좀처럼 좋아지지를 않았다.

그래서 우리 식구들은 한번 산소를 갈 때마다 보기가 안타깝고 불효의 모습처럼 보이는 것 같아 나름대로 작업 도구를 챙겨가서 온 식구가 잡초를 제거하고 주변을 정리하곤 했다. 하지만 그때뿐 다시 나빠지는 건 마찬가지였다. 마침 그 옆에는 아버지께서 살아계실 때 아버지께서 땅을 내놓으시고 설치비용은 군청에서 지원받아 만들었던 집안 납골당이 있어서 그쪽으로 옮겨볼까도 생각해봤지만, 아버지께서 원하지 않으셨던 터라 고민이 점점 깊어갔다. 그래서 고민 끝에 생각을 좀 바꿔보기로 했다. 이번 기회에 우리처럼 멀리 떨어져 잘 돌보지 못하는 사람들을 위해 산소를 한번 디자인해보자는 생각을 하게 된 것이다.

우선 여러 가지 조건을 생각했다. 먼저 산소는 대체로 산에 있으므로 사용하는 재료가 어렵지 않아야 하고, 공사하기가 수월해야 하며, 내구성이 있어야 하고, 또 관리가 편리해야 한다고 보았다. 그리고 가장 중요한 산소의 상징성이 또한 있어야 한다고 생각했다. 그런 것들을 전제로 나는 오래 두고 가끔 떠올리며 생각 끝에 한 가지 아이디어를 만들었다.

먼저 산소의 이미지는, 산소를 보며 하늘이 떠올려지면 좋겠다는 것이다. 하늘나라에 계신 아버지, 어머니이시기에 하늘을 그곳에 담았으면 좋겠다고 생각했다. 거기까지 생각이 정리되고 그럼 어떻게 하늘을 담을까 하니 도무지 방법이 떠오르지를 않았다. 그러다 문득 지름 2m 정도의 얕은 원형 그릇을 만들고 물을 그곳에 담았으면 좋겠다고 생각했지만, 도무지 그 방법이 너무 어려워지고 공사하기도, 비용도 쉽지 않은 것 같아 포기하고 말았다.

고민 끝에 결국 내린 결론은, 원형의 어느 정도 두께가 느껴지는 철제테두리를 두른 후 그 속에 하얀, 또는 까만 자갈을 두툼한 두께로 깔고 그 우측앞쪽에는 네모진 평석을 두어 그곳에 비문을 새기는 것이다. 하나의 큰 원과 작은 네모 그리고 작은 원형의 돌들로 산소를 구성하는 것이다. 나름대로 이렇게 결론을 내리고 산소에 가는 길에 식구들에게 설명해 주었다. 다행히 다들 좋다고 했다.

하지만 아직 실천하지는 못하고 있다. 반은 자신이 없고 반은 자금도 시간도 준비해야 해서다. 다 되면 어떤 느낌일지 나도 몹시 궁금하다.

아들의 작은 결혼식

아들에게는 대학 때부터 사귄 오랜 여자 친구가 있었다. 아마 7, 8년 정도 사귄 듯 했다. 예쁘고 똑똑하고 또 능력 있는 사람인 것 같았다.

사람들은 참 희한하게도 배우자를 선택할 때 남자는 엄마를 닮은 여자를, 여자는 아빠를 닮은 남자를 좋아한다고 한다. 실제로는 아빠나 엄마가 싫으면서도 말이다. 역시 우리 아들도 자기는 똑똑한 여자가 좋단다. 엄마가 좀 똑똑한 편이다.

그래서 저보다 공부도 더 잘한 똑똑한 여자를 사귀는 것 같았다. 아빠랑 똑같이. 그렇게 둘이 오래 사귀다 아들도, 여자 친구도 때가 된 듯 결혼 얘기가 오가다 드디어 결혼하겠다고 했다.

여자 친구는 대학원을 졸업하고 직장을 다니다 마침 뜻한 바

있어 전공을 바꿔 공부를 더 하고 싶다고 미국 대학에 석박사 과정으로 전액 장학금 신청을 하는 중이었다. 이게 잘 되어서 그 장학금이 허락되면 미국으로 공부를 하러 가고 싶은데 가능하다면 그 전에 결혼해서 같이 가고 싶다는 것이다.

아들은 어릴 때 호주에서 몇 년을 살아서 여자 친구보다는 영어를 좀 더 잘하는 편이기도 하고, 마침 직업이 IT 업계에서 프리랜서처럼 일하는 중이라 장소에 구애받지 않고 일을 하고 있어서 여자 친구 공부 뒷바라지하기에도 좋은 것 같다고 생각해서 서로 얘기 끝에 그렇게 하기로 한 것 같았다.

다행히 얼마 뒤 본인이 가고 싶어 했던 대학에 신청한 장학금이 허락되었고 두 사람 생활비까지 보장되는 조건이라 아주 좋아하며 며느리 될 아이는 직장을 정리하고 떠날 준비를 하기 시작했다. 하지만 문제는 결혼식까지 준비하기에는 시간이 너무 부족하다는 것이었다. 그래서 둘이서 고민하더니 어느 날 아들이 자기들은 스몰 웨딩을 하고 싶은데 어떠냐고 물었다. 우리 부부는 늘 그렇듯 아이들에게 최대한 자율을 주며 살아왔기 때문에 본인들이 깊이 생각하고 결정한 일이면 당연히 찬성한다고 했다. 이후 나름대로 알아보고 고민하더니 그 구체적 방식을 설명해 주었다.

일단 참석자는 양가에서 직계가족으로만 10명씩으로 하고 예식, 드레스, 사진 촬영 등 전부를 생략하고 오직 식사를 같이하는 거로만 한단다. 식사비도 본인들이 부담할 수 있는 수준으로 하겠다고 했다. 그리고 결혼식 전 미국 갈 준비 때문에 혼인신고를 먼저 하겠다고 했다. 나는 쌍수를 들고 환영했다. 아니 아들이 정말 자랑스러웠다.

우리는 바로 양가 가족들 상견례를 했고 아들은 여의도의 전망 좋은 한 중국음식점에 방을 빌렸다. 그리고 따져보니 우리 집에는 친가 외가 합하여 직계로 꼭 참석 해야하는 사람 숫자도 딱 10명이었다. 그리고 결혼식 며칠 전 아들이 식순을 얘기했다. 사회자는 따로 없고 아들, 며느리가 먼저 나서서 양가 식구를 소개할 것이고 그동안 만나왔던 얘기를 잠깐 하며 결혼반지를 서로 나눈 후 양가에서 각각 부모님 중 대표 한 분씩 하고 싶은 말 한 마디씩하고 식사하는 게 전부였다.

우리 집 대표로는 내가 인사하게 되었다. 여러 날 고민 끝에 난 인사를 기도로 대체하기로 마음먹고 혼자 조용히 기도문을 생각했다. 아내와의 만남으로 시작된 아들과의 감사한 만남부터 앞으로 살아내야 할 아들 내외의 미래에 대하여 하나님께 올리는 기도였다.

그리고 아들의 결혼식 날이 되었다. 양가의 20명은 자그만 방에 모여 그렇게 인사하고 식사하고 웃으며 잘 끝났다. 마침 며느리의 여동생이 미디어에 관심이 있는 친구라 - 지금은 그쪽 사업을 하고 있음 - 스마트폰으로 당일 행사를 동영상으로 촬영했다. 그리고 잘 편집하고 글도 넣고 하여 언니의 결혼식을 유튜브에 올리고 기록을 남겼다.

작지만 참 아름다운 결혼식이었다. 나는 정말 너무 좋았다. 아내도 좋아했다. 참된 스몰 웨딩을 한 것 같아 지금도 난 그런 아들, 며느리를 아주 많이 자랑한다. 잘 차려진 화려하고 멋진 결혼식도 좋겠지만 이런 최소한의 조촐한 결혼식도 참 아름답지 않은가? 결혼은 다름 아닌 부부 두 사람의 행복한 삶이 가장 우선이기 때문이다.

만일 내가 다시 결혼 한다면 난 이쪽을 택하고 싶다.
아들, 며느리, 사돈댁 모두 모두 파이팅!

무릎 꿇고 두 손 들고 혼나는 딸내미 사진

내 방 머리맡에는 예쁜 우리 딸이 네 살쯤 됐을 때 무릎을 꿇고 두 손을 들고 혼나고 있는 오래된 사진 한 장이 작은 액자에 끼워져있다. 얼마 전 아내와 딸이 집안 정리를 하다 찾은 사진이다. 난 그 사진을 보자마자 왜 그랬는지는 모르지만, 그 시절 우리 딸이 너무 그립고 사랑스럽고 미안해서 그냥 눈물이 왈칵 나올 뻔했다. 할 수만 있다면 얼른 그 사진으로 들어가서 아이를 일으켜주고 꼭 안아 주고 싶었다. 그리고 미안하다고 또 미안하다고 말해주고 싶었다. 실제로 그럴 수 없는 게 너무 안타깝고 속상했다. 그래서 안쓰러운 마음에 그 사진을 내 방에 두고는 더는 못 볼 것 같아 돌려주려다가 웬일인지 그래도 자꾸 또 돌아보게 돼서, 딸이 어릴 때 아빠 자는 모습을 그린 그림을 끼워 세워둔 작은 액자에 겹쳐 내 머리맡에 두었다.

도대체 왜 미안하고 울컥했는지, 또 볼 때마다 계속 그러는지 아직도 잘 모르겠지만 "내가 왜 혼나고 있는 거지? 내가 뭘 잘못한 거지?" 하는 듯 너무 의아한 표정으로 벌서고 있는 딸 모습이 한없이 한없이 사랑스럽고 또 사랑스러워 그 사진을 볼 때마다 나는 몸 둘 바를 모른다.

이런 여려진 나 자신을 보며 느낀다. 아마도 늙었나보다고. 이렇게 쉽게 눈물이 나고 미안해하고 그리워하는 걸 보니 난 늙은 게 틀림없다고. 혹시 가고 싶어도 갈 수 없는 그 사진 속 시간에 그려지는 나의 젊은 모습이 그리운 건 아닐까? 그래서 그때 내 모습에 질투하는 건 아닐까 싶기도 하다.

그 사진 속 딸은 어느새 세월이 흘러 30대가 되어있고 사진 속 살짝 보이는 팽팽한 내 손은 지금은 검버섯과 주름이 질대로 져 흉한 모습이 되어버렸으니 말이다. 그런데도 그때를 그리워하며 오늘도 난 그 사진을 본다. 여전히 예쁘고 예쁜 우리 딸 모습을 본다. 지금은 이미 다 크다 못해 성숙해 버렸고, 비록 특별하지는 않아도 나름대로 자기 앞길을 스스로 잘 살아가고 있으며 때로는 집안의 어려운 일들을 도맡아 처리해 나가는 멋진 딸이기도 하다.

가끔 엄마는 딸에게 강하게 세상적으로 괜찮은 장래를 준비하라고 요청하지만 난 말도 꺼내지 못한다. 나 역시 그렇게 내 스스로의 방식으로 살아왔고 또한 따져보면 딸에게 강하게 얘기할 만큼 해준 것이 너무 없기도 하기 때문이다. 또 한편으로는 딸이 살아가는 방식이 달라진 세상의 한 부분일 수 있다고도 생각된다. 고루한 기성세대의 생각으로 따라갈 수 없는. 그래서인지는 몰라도 실제로 젊은 사람들에게 우리 딸 사는 모습을 얘기하면 부러워하는 친구들도 제법 많다.

한때 잠깐 내 사무실에 데리고 일한 적이 있었다. 딸은 생전 처음 하는 설계일도 곧잘 적응하는 모습을 보며 이쪽 일을 해도 좋겠다고 잠깐 생각하고 권해봤지만, 대답은 역시 아빠의 요청으로 잠깐 도울 뿐이란 대답이었다. 그래서 때로는 혹시 내 삶의 모습이 딸의 꿈을 뺏어갔나 혼자 자책도 해본다. 비록 지금은 다 큰 딸이어도 아직도 내 눈에는 여전히 그 사진 속 아이같이 한없이 사랑스럽기 짝이 없다. 그래서 세상의 모든 아빠는 딸 바보일 수밖에 없는 것 같다.

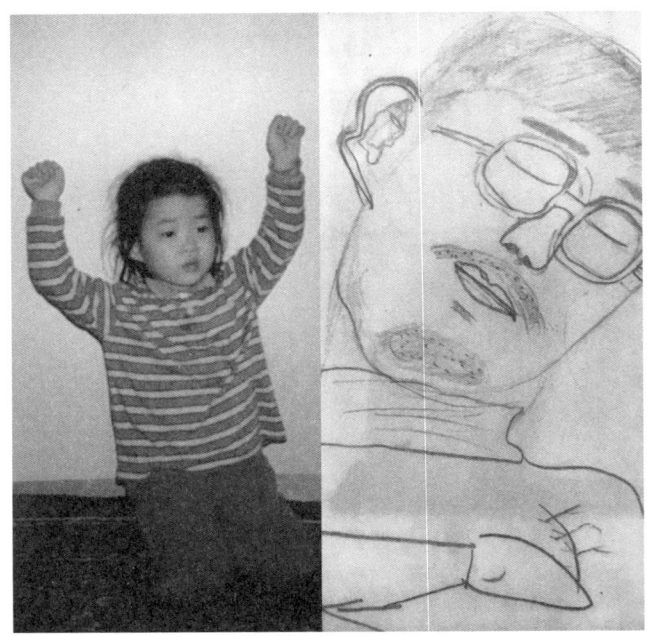

비즈와 이코

내 회갑 때를 시작으로 우리 식구는 가끔 해외여행을 간다. 지금은 아들이 결혼하고 따로 살아서 딸과 아내와 나 이렇게 세 식구가 간다. 인천 공항으로 가는 차편은 주로 내 차를 이용한다. 내 차는 경차라서 통행료와 주차비 모두 50% 할인을 받는다. 공항버스를 타는 것보다 저렴하고 편해서 주로 내 차로 다닌다. 공항에 도착해 수속을 마치면 대개 공항 라운지로 향한다. 아내와 딸은 주로 비즈(니스) 좌석이고 나는 이코(노미) 좌석이라서 라운지 입장료는 나만 낸다. 거기서 좀 놀다가 시간이 되면 비행기를 타는데 비즈와 이코의 출입구가 다르다. 흑흑.

우리 식구에게는 여행비용을 각자 부담한다는 여행 규칙이 있다. 각자 번 돈으로 사용하고 싶은 대로 부담하자는 취지다. 나도 두어 번 비즈를 타본 적이 있다. 역시 격이 다름을 느낄 수밖에 없었다. 좌석의 크기와 기능, 서비스 모두 달라 돈의 안락함을 맛볼 수 있었다.

아내와 딸은 10여 년 전부터 해마다 두어 차례 세계 여러 지역을 여행한다. 대부분 자유여행을 다니는데, 딸이 여러 방법으로 알아보고 연구해서 저렴하고 좋은 숙소와 항공편을 이용할 수 있는 여행을 계획한다. 아내와 딸은 호주에서 살았던 터라 언어소통에 어려움이 크게 없다.

나는 회갑 여행을 식구들이 시켜주면서 처음으로 같이 다니기 시작했다. 처음 여행은 일본으로 가게 되었는데 나의 일정은 주로 유명건축가의 건물들을 보는 것이었다. 내가 보고 싶은 건물들 리스트를 만들어주면 딸이 전체 여행 일정에서 볼 수 있는 건물을 추려 순서를 정하고, 아들은 현지에서 스마트폰으로 교통편이나 지리 안내를 한다. 결국 아내와 나는 아들, 딸 꽁무니만 잘 따라다니면 되는 거였다. 그렇게 한번 같이 가 보니 세상에 너무 좋은 것이었다. 그래서 그때부터 나는 만나는 사람마다 여행 사진을 보여주며 가족여행을 입에 침이 마르도록 권한다.

그러고서 내가 식구들과 함께 정했다. 일 년에 2번, 추석 때와 설 때 함께 여행을 가는 걸로, 다행히 가족 중 회사에 매인 사람이 없어서 명절 끝물에 출발해서 다녀오는 걸로 하니 한결 경비도 절감되고 한가롭고 좋았다. 그때부터 지금까지 우리 식구는 명절 즈음에 나의 시간과 경비 등의 문제만 없으면 - 늘 나만 문제다 - 계속 가족여행을 다니고 있다. 이제는 식구들도 건물 보는 것도 같이 즐기게 되었고, 때로는 또 여행 일정 중 일요일이 걸리면 현지 한인교회를 찾아 함께 예배를 드리는 재미도 쏠쏠하다. 지역마다 조금씩 다른 현지 교포들의 분위기도 느낄 수 있고, 여행 중 잠깐 한국에 온 것 같기도 한 재미있는 경험이 되기도 한다.

현실에서 힘들고 지치면 나는 늘 여행을, 가족여행을 꿈꾸며 기다린다. 비록 내가 비즈를 못 타고 또 내 돈으로 아내와 딸을 태워주지 못해 미안해도 늘 우리 가족의 여행을 생각하면 항상 기분이 좋고 얼굴에는 나도 모르게 미소가 지어지게 된다.
지금도 생각하니 많이 가고 싶어진다.

병원에서

아내가 아프다. 곧 수술에 들어간다. 딸만을 아내 곁에 두고 아들과 난 병원 1층 커피숍에서 기다린다. 다 나 때문에 생긴 병 같아 마음이 몹시 아프다. 내가 오죽 힘들게 했어야 말이지…. 나를 원망해보지만 내가 할 수 있는 건 오직 아내를 가만 바라보다 손 한번 꼭 잡아보고 뒤돌아 기도하는 것밖에는 없다.

언젠가도 그랬다. 아내가 큰 수술을 받는 내내 나는 병원 내에 있는 기도실에서 혼자 기도하는 일밖에 할 수가 없었다. 그래도 그때는 초조함 속에서도 그나마 기도할 수 있는 공간이 따로 있다는 게 참 감사했다. 지금은 그냥 커피숍에서 기다릴 수밖에 없다. 바로 그렇게 아픈 환자들을, 그리고 그런 가족들을 잘 배려하는 병원이 좋은 병원이고 우리 같은 설계자는 바로 그런 분위기, 그런 공간을 만들어야 한다. 그리고 그런 공간을, 그런 분위기를 만드는 게 얼마나 중요한지 병원을 설득해야 한다. 병원을 드나들 때 늘 드는 생각들이다.

환자는 진찰을 앞두고 또는 치료나 수술 등을 앞두고 늘 불안하다. 그러다 보면 때론 하얀 병원의 색깔이 더 맘을 차갑게 하기도 한다. 늘 좀 더 신경 쓰고 고민해야지 하면서도 막상 설계에 들어가면 그저 주어진 기능과 비용에 가장 경제성을 찾아가며 설계를 하게 된다. 그게 현실이지만 그래도 좋은 설계자라면 좀 더 깊이 고민하고 또 설득하고 주장하고 노력하여 좀 더 나은 답을 찾아주어야 할 것이다.

설계는 먼저 설계자 스스로 조금 더 여유를 가져야 하고 아무리 바빠도 한 번 더 돌아보며 한 박자만 느리게 진행해야 하는 것 같다. 그리고 그것을 알면서 그냥 넘어가지 말고 꼭 실천해야 함도 깊이 느낀다. 내가 좀 더 깊은 맘을 쓰는 게 얼마나 중요한지를 스스로 깨달아야 한다. 우리가 만든 환경이 그곳에서 살아가는 사람들에게 얼마나 많은 영향을 미치는지 우리가 알아야 한다. 그리고 건축물은 오랜 시간 남아 존재하며 또 많은 돈을 들여야 하는 일이기에 이 건축이란 행위에 대한 깊은 고민은 설계자의 지극히 당연한 의무일 것이다.

참 어려운 일이다. 과연 난 잘하고 있나? 다시 생각해 본다. 오늘도 그런저런 생각을 해가며 초조한 맘으로 아내의 수술이 잘 끝나길 기도하며 커피숍에서 나는 기다린다.

우리 딸 생일선물 그리고 답 선물

아이들이 성인이 된 후로 언제부턴가 많이는 아니어도 좀 괜찮은 금액의 현금 생일선물을 꼭 한번 하고 싶었다. 왜냐하면 살면서 내가 아이들에게 여유 있는 모습을 한 번도 보여준 적이 없는 것 같아 마음이 늘 무거웠기 때문이다. 그러나 내 주머니 사정은 늘 빠듯했고 어떤 해는 생일 때쯤 사정이 더 어려워질 때도 있어서 마음만 그럴 뿐 도무지 실행에 옮기지 못했다. 이 작은 설계사무소 운영이 늘 그래왔다. 그러다 보니 아이들 생일이 되면 반갑고 좋기보다는 늘 미안하고 속상할 때가 많았다.

그런데 드디어 올해, 봄에 찾아오는 아들 생일 때는 안 되었지만(아들은 결혼도 했고), 여름 딸 생일에는 다행히 그렇게 하고 싶던 선물을 할 수 있게 되었다. 나는 현금을 찾아서 예쁜 봉투에 담아 "딸~ 생일 축하해." 하며 건넸다. 딸이 봉투를 받고서는 "어? 두툼하네?" 하며 좋아하는 것이다. 그 모습을 기분 좋게 바라보며 항상 이럴 수 있기를 바랐다. 누군가에게 무언가를 받는 게 아니라 반대로 주면서 좋아하는 건 바로 사랑하기 때문일 것이다. 그게 가족일 때 더욱 그러지 않을까 생각된다.

그리고 며칠 후 나 혼자 집에 있을 때였다. 딸 이름으로 택배가

2개나 왔다. 나중에 아내에게 전했더니 그건 모두 내 거라고 하는 것이다.

"응? 나 시킨 적 없는데?"

그게 아니고 딸이 주는 아빠 선물이란다. 열어보니 하나는 가방이고 다른 하나는 무선 이어폰이었다. 실은 지금 들고 다니는 가방도 이어폰도 모두 딸이 사준 거다.

참… 너무 예쁘다. 그 맘이 한없이 예쁘다. 표현도 잘 안 하는 무뚝뚝한 딸인데, 늘 베푸는 데는 1등이다. 아까워하지 않고 옹졸하지 않고 넉넉히 잘 주는, 정말 좀 과장해서 내가 보기엔 꼭 천사 같다. 한번은 늘 좋은 전공이 있으면서도 직업을 갖지 않고-집에서 할 수 있는 일로 자기 일을 하긴 하지만-집에 있는 딸에게 걱정스러운 마음으로 물었다.

"넌 어떤 일을 할 때가 제일 좋아?" 딸 대답은 이랬다.

"내가 하는 일로 다른 사람이 행복해하면 바로 그 일이 제일 좋아."

우문현답이다. 그럴 땐 내 딸이지만 존경스럽기까지 하다. 요즘은 보살핌이 필요한 외할머니를 딸이 돌보고 있다. 딸, 아들도 아닌 손녀가 할머니를 돌보고 있다. 그마저도 너무 잘해서 할머니가 제일 좋아하신다. 어쩌면 온 식구들이 할머니 돌보는 일 때문에 힘들어할 수도 있을 텐데 딸 덕분에 모두가 행복한 것이다.

생긴 것도 이쁘고 공부도 곧 잘했고 소질은 정말 많고, 난 참 기가 막힐 때가 많다. 이런 아이가 사회생활을 제대로 안 하고 있고, 특히나 특별한 건, 하고 싶어 하는 것이 없고, 연애는 아예 무관심이고, 그래서 아빠는 사실 속이 많이 탄다. 그래서 늘 간절한 맘으로 기도한다. 정말 하고 싶어 하는 일이 꼭 생기기를, 그런 꿈이 꼭 살아나기를… 그래서 꼭 본인이 좋아하는 일을 하며 그 일을 통해 많은 사람에게 사랑을 나누어 주기를 매일 매일 기도하고 또 기도한다.

장모님과의 이별

장모님의 병이 위중해져서 호스피스병실에 입원하게 되었다. 병실을 처음 찾은 날, 아내가 나더러 엄마 손잡고 기도 좀 하라며 자리를 비킨다. 장모님은 눈을 감은 채 아무런 반응이 없는 상태였다. 난 가만히 장모님 옆에 무릎을 꿇고 조용히 장모님 손을 잡았다. 처음 잡아보는 장모님 손이다. 따뜻함과 울컥함이 동시에 올라온다.

뭐라고 기도하나⋯ 뭉글뭉글 장모님의 흔적이 떠올랐다. 제일 먼저는 항상 웃으시는 얼굴이었다. 나는 한 번도 찡그린 장모님 얼굴을 본 적이 없는 것 같다. 어느새 세월이 흘러 그런 푸근한 장모님과의 이별을 준비해야 하니 덧없음을 뼈저리게 느꼈다. 평생 열심히 살아오신 장모님, 헤어지는 날까지 평안하게 계시다 하늘의 부르심에 평안히 가실 수 있기를 기도한다. 비록 교회를 다니시지는 않았어도 교회 다니는 우리에게 열심히 다니라고 말씀해 주셨던 장모님을 하늘의 하나님께서 꼭 받아주시고 아름다운 천국 백성으로 삼아주시기를 기도한다. 언젠가 그곳에서 다시 만날 수 있기를⋯

그렇게 기도하고 조금 더 머물다 나는 집으로 돌아왔다. 장모님은 1, 2년 전부터 가벼운 치매가 있으셨는데, 평생 본인의 아픔을 숨기는 게 습관이 되신 분이라 늘 난 괜찮다 하셔서 다른 병이 그렇게 깊어지는 줄을 아무도 알 수가 없었다. 뒤늦게 알게 된 깊어진 병은 수술을 받아야만 하지만 그런다고 완치되는 것도 아니었고, 또 연세가 너무 많아서 수술을 감당할지도 모르는 상태인 데다, 치매증세도 점점 더해지는 상황이라 자녀들이 상의 끝에 수술하지 않기로 하였다. 그래서 아내는 매일 아침 병원으로 가서 하루를 보내고 돌아오고, 딸은 아예 병원에서 상주하며 할머니를 돌보고 있었다.

오후에 아내에게서 문자가 왔다. 어쩌면 오늘을 못 넘길 수도 있을 것 같다고. 제주 출장을 앞두고 있던 나는 그러다 나아지시겠지, 하며 항공편을 예약하고 모처럼 가는 출장이라 다른 사람도 만나고 올 계획으로 퇴근 전까지 한참 망설이다가 호텔까지 예약하고 집으로 돌아왔다. 마침 집에 와있던 아들과 함께 저녁을 먹자마자 아내에게서 문자가 왔다.

"가셨어~" 참 묘하다는 생각이 들었다. 왠지 호텔 예약이 자꾸 망설여지더라니… 처조카가 며칠 후 결혼할 예정이었다. 그동안 할머니가 위중하신 관계로 내심 결혼 일정을 많이 걱정했었는데 그나마 장례를 모두 마친 후에 결혼할 수 있게 되어서 처형네 식구들이 한편으로 안심하면서도 장모님께 죄송해했다. 나는 장모님이 세상을 떠나면서 주시는 세심한 배려처럼 느껴져 많이 감사했다.

처음 처가에 인사 가던 날이 내겐 아직도 잊히지 않는다. 잔뜩 긴장하고 처음 들어선 처가, 인사를 드리자마자 대뜸 장인어른께서 이렇게 말씀하셨다. "자네는 이제 우리 집에 인사 왔으니 무조건 내 딸과 결혼해야 하네."

나에 대해 뭐 하나 물어보신 것도 또 확인이나 테스트 같은 것도 하나 없이 바로 그 말씀부터 하시는데 정말 당황했다. 그리고 이어지는 장인어른의 이야기는 정말 길고 길었다. 처음 방문이라 긴장도 잔뜩 하고 있었고 무릎도 꿇고 있었는데 장인어른은 전혀 아랑곳없이 끊임없는 말씀을 이어갔고 내 다리는 점점 감각을 잃어가고 있었고…

그렇게 혼자 속으로 끙끙거리며 힘들어하고 있을 때 장모님이 불쑥 들어오시더니 "자네 이리 좀 나와 보게."하고 나를 구출해주셨다. 장모님은 민망한 듯 일어나 나오는 나에게 빙그레 웃으시며 말씀하셨다. "고생했네. 내가 일부러 자네 구하러 들어간 거야, 안 그러면 저 양반 끝이 없어~ 하하!"

이어 내오시는 저녁상에는 그릇마다 밥과 반찬이 수북하다. 가짓수는 많지 않아도 좋은 것으로만 골라 양이 매우 크다. 우리 집은 그 반대였기에 많이 생소했다. 가짓수는 많고 조금씩 담아 내오는 우리 어머니이시기 때문이다. 이렇게 전혀 다른 양가가 만나 그렇게 하나가 되기 시작했다. 그때 장모님 모습이 지금도 눈에 선하고 그립다. 언젠가 나는 우리 집 아이들에게 또 며느리에게 어떤 모습으로 기억될까? 갑자기 궁금해진다.

4 이마에 주름은 지은 적이 없는데

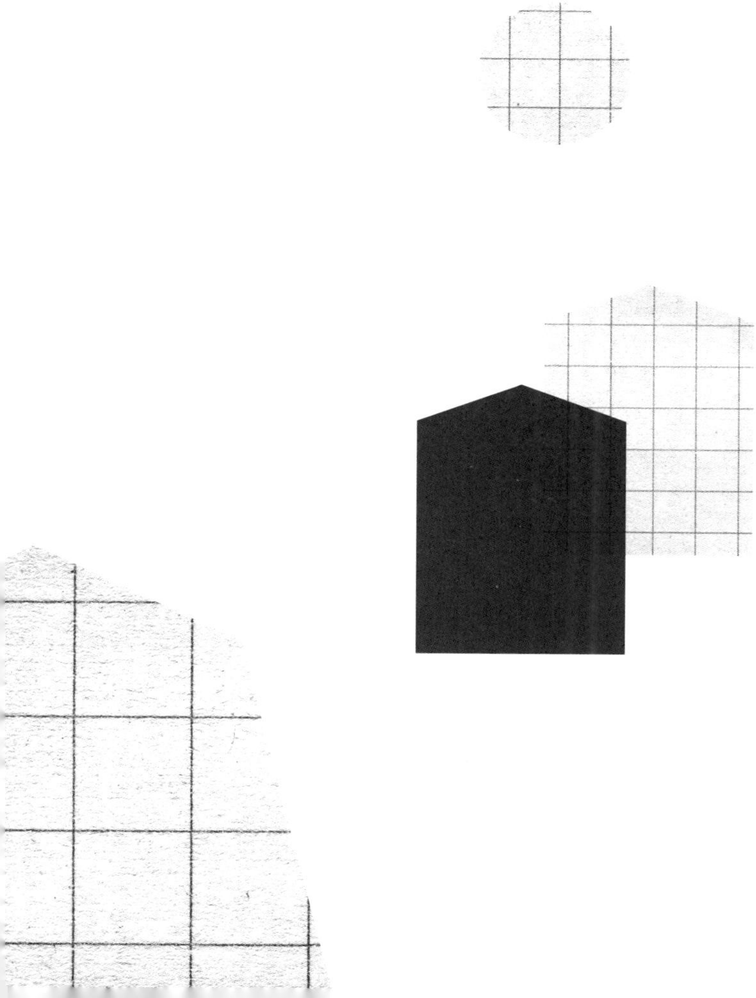

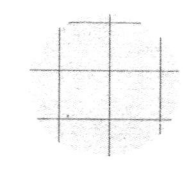

공사비 예산 맞추기

내가 설계하는 일 전체의 반 정도는 정부 예산을 지원받는 복지시설 건축이다. 정부에서 직접 시행하는 경우는 드물고 복지단체 등 여러 운영시설에서 시행하는 경우가 대부분이다. 일정 규모 이상의 설계는 입찰이나 설계 공모 등의 방법을 통해 이뤄지기 때문에 내가 직접 의뢰받아서 할 수 있는 경우는 거의 없다. 해당 시설에서 내게 직접 의뢰하는 일은 주로 일정 규모 이하의 소규모 건축으로, 각 운영시설이 예산을 신청해서 결정되면 정부와 지자체로부터 예산을 지원받아 건축하는 경우이다.

이런 설계용역은 설계 작업이 끝나면 공사비를 산출해서 지원받은 예산과 맞추는 작업을 한 뒤에야 모든 일이 마무리된다. 그리고 그렇게 정리된 공사비에 따라 공사입찰을 하고 낙찰받은 회사가 공사하게 된다.

그런데 늘 그 공사비 산출과정에서 곤란한 문제들이 발생하곤 한다. 정부 예산으로 하는 공사가 일반적인 시중 단가보다 더 넉넉할 것으로 생각할 수 있겠으나, 각 시설로 지급하는 예산은 각 정부 부처별로 단가차이가 크고, 특히 복지 분야의 신축 건물의 경우 예산 기준이 많이 부족한 게 현실이다.

통상 시중 공사단가의 70% 정도이다. 그러니 설계에서도 좋은 재료를 쓰는 게 불가능해서 늘 최저가의 재료만을 쓸 수밖에 없고, 예산이 부족한 시설이 자체적으로 예산을 더할 수도 없어 어쩔 수 없이 받은 예산만으로 입찰할 수밖에 없게 되고, 그런 입찰에 별생각 없이 참여하여 낙찰받은 회사는 이후에 자세히 공사비를 검토해보고는 너무 부족한 가격에 이러지도 저러지도 못하는 경우가 비일비재하다.

다행히 맘씨 좋은 시공사를 만나 손해 보는 공사임에도 불구하고 어려운 사람들을 위한 곳이니 기부하는 셈 치고 마다치 않고 해주겠다는 경우는 정말 최고의 경우고, 그렇지 않으면 시공사는 공사하는 내내 돈 때문에 인상 쓰고 투정 부리고 어떻게든 손해를 보충하기 위해 공사를 대충 대충하려 하고 발주처나 감리는 그렇게 못하도록 하는 등 승강이가 벌어지기 일쑤이다. 가끔은 낙찰되고도 페널티를 감수하며 공사를 포기하는 시공사도 있다.

그렇게 크고 작은 문제가 생기다 보니 요즘은 지자체에서 입찰 심사를 하는 과정에서 각 예산을 받은 시설에 지자체에서 생각하는 기준을 제시하고 그 기준에 맞추라고 하기도 한다. 결국, 모자라는 부분은 각 기관에서 자비를 부담하라는 것이다. 앞서 얘기한 대로라면 약 30% 정도의 비용을 기관이 부담해야 하는 경우가 된다. 그러다 보니 이번에는 해당 시설에서 건축을 포기하고 예산을 반납하는 경우도 생긴다. 참으로 안타까운 일이다. 나름대로 새로운 환경을 꿈꾸며 시작하고 오랫동안 준비했던 일이 그만 물거품이 되고 되레 상처로 돌아오는 것이다.

그런 경우 가장 큰 피해자는 그곳에서 지내는 어려운 사람들일 수밖에 없다. 오랜 시간 동안 열악한 곳에서 생활하다 모처럼 좀 더 나은 환경에서의 생활을 꿈꾸었을 텐데 그 꿈이 무산되는 것이기 때문이다. 이런 경험을 몇 번 겪다 보니 설계 시작 전에 공사비 예산 부분에 대해 설계를 의뢰해준 시설 측에 먼저 설명하지만, 시설당사자들은 당장 닥치는 일이 아니라서 그런지 그때는 실감하지 못한 채 어찌 잘 해결되겠지, 하며 대수롭지 않게 느끼는 것 같다. 그러다 결국 이 문제로 곤혹스럽게 되는 경우가 종종 생기게 된다. 그래서 나는 이런 일에 미리 대비하여 설계과정에서부터 욕심을 부리시지 못하도록 늘 강조하며 그분들을 자제시키려 하지만 막상 꿈에 부풀어 있는 그분들은 잘 억제가 안 되는 것 같다.

그러니 나는 설계가 진행될수록 앞으로 닥쳐올 큰 산처럼 느껴지는 이 상황이 잘 정리되기를 늘 고대하며 노심초사하게 된다. 가끔 그런 상황이 몹시 어렵게 진행되는 경우는 나 역시 이 설계, 감리를 포기하고 싶을 만큼 힘들 때도 있다. 운영시설 측도 지자체도 모두 양보하지 않고 자기주장만 하고, 또 공사에 들어갔을 때 이번에는 시공사와 건축주인 운영시설 모두 자기

주장만 하는 경우이다. 그래서 답답한 나머지 감리비를 포기하고 공사비로 내어준 적도 있다. 아무도 양보를 안 하니 답답하고 성질 급한 내가 나설 수밖에…

공사비 맞추는 일. 복지시설 건축일에서 공사비 맞추는 일만큼 마음을 힘들게 하는 게 없다. 어렵고 힘든 사람들에게 조금이라도 나은 환경을 제공하고 싶어 나 역시 적은 보수로 열심히 해보지만, 이 공사비 맞춤에만 도달하면 그 모든 좋은 맘이 모두 사라지곤 한다. 아름다운 일인데 참 속상하고 안타깝기 그지없다. 오직 바라는 건 속히 책정되는 예산이 현실화하기를 기대하고 또 기대해 본다. 그래서 열악한 환경에 사는 어려운 사람들의 꿈이 잘못됨이 없이 꼭 이뤄지길 바라는 맘이다.

조폭과의 설계

2000년도쯤인 것 같다. 대학 동기를 통해 우리보다 조금 나이가 적은 어떤 한 사람을 소개받았다. 그 사람은 경력이 좀 특이했다. 한때 조폭 생활을 했지만, 지금은 그런 일에서 손을 끊고 땅을 사서 건물을 짓고 분양하는 등 소위 시행사업을 하는 사람이라고 소개를 받았다. 그렇게 만나 우리가 첫 번째 함께 검토한 지역이 분당지역이었다. 당시 분당지역의 대부분은 이미

개발되었지만, 일부 상업지는 미분양인 땅들이 더러 있었고, 그런 상업 용지에 주상복합 아파트를 지을 수 있도록 도시계획이 변경되면서 시행사들이 토지공사로부터 그 땅을 매입하여 주상복합아파트를 막 시작하던 때였다.

그 사람도 그 일에 관심을 두고 일부 땅의 사업성을 확인해 보기 위해 내게 기획설계를 부탁했다. 그런 일은 가끔 부탁받는 일이기도 했고 또 잘되면 해보지 못했던 대형 프로젝트를 할 수도 있어서 살짝 들뜬 상태로 만나곤 했다. 물론 아직 설계비를 받은 상황은 아니었다. 내 기억으로 총 3~4개의 기본검토용 기획설계를 했던 것으로 기억된다. 그러는 과정에 우리는 여러 차례 만났고 식사도 하며 어떨 때는 가볍게 술도 같이한 적이 몇 번 있었다.

그 사람은 조폭과는 아주 거리가 멀게 느껴질 만큼 정말 순하게 잘생겼고 체격도 그냥 보통이었으며 예의도 잘 지키는, 어찌 보면 착한 동생처럼 느껴지기도 했다. 나를 부를 때도 꼭 형님이라고 불렀다.

그냥 평소 모습을 보면 저런 사람이 조폭이었다니, 그것도 제법 유명한 조직의 중간보스였다니, 도무지 믿기지 않았다. 다만 어디를 가도 가까이에 덩치 좋은, 그야말로 한눈에 봐도 조폭 같은 동생들이 2, 3명쯤 늘 옆에 대기하고 있으면서 온갖 심부름을 다 했다.

딱 한 번 가봤던 집은 강남 한복판의 단독주택이었지만 분위기와 꾸밈은 전혀 갖춰지지 않은 달랑 집만 있는 것 같은, 금방이라도 이사 갈 것 같은 그런 느낌이었다. 부인이라는 분도 만났는데 그 친구보다는 좀 더 연상처럼 보였고 평범한 주부는 아닌 듯 보였다.

한번은 자기가 조폭이 된 사연을 설명해 주었다. 자기 아버지는 성공한 중소기업 사장님이고 본인은 그 아버지의 혼외자식이라고 했다. 그래서 어릴 땐 늘 기죽어서 컸고, 조금 크면서 반항기가 생기기 시작하면서 어긋난 삶을 살게 되었고 이어서 폭력 세계에 발을 들이게 되었다고 했다.

그러면서 어느 날 싸움 중에 자기 주먹이 남들보다 훨씬 세다는 것을 알게 되었다고 했다. 가끔 상대방이 한번 맞으면 바로 기절하더란다. 다른 사람들에 비해 제법 머리도 잘 쓰는 편이라 조직의 중간보스까지 됐던 거라고 얘기해줬다. 몇 번 감옥에도 들락거렸는데 지금은 그 세계에서 떠났고, 아버지 사업도 물려받고 싶기도 하여 이렇게 보통의 삶을 살려고 노력하는 것이라고 했다. 그렇게 우리는 몇 건의 시행사업 건을 시도하다 어느 날 내게 본인이 예전에 모셨던 보스의 땅에 건물을 짓는 일을 해보기로 했다고 설계 건을 가지고 왔다. 조그만 땅에 3,

4층쯤 되는 작은 상가건물을 설계하는 일이었다. 함께 땅 주인인 조폭 선배도 한번 만난 다음 설계를 진행하게 되었다.

설계를 완료하고 공사를 진행하기까지 난 설계비를 받지 못한 대신 어음을 받은 상태였다. 그러던 어느 날 갑자기 그 친구가 사라졌다. 알고 보니 다른 어떤 폭행 사건으로 또 잡혀 감방에 들어가 버린 것이다. 황당한 일이었다. 조금만 더 지나면 어음 만기일이 다가와 설계비로 받은 어음이 해결되는 때였는데 갑자기 일이 그렇게 꼬여 버린 것이다. 허무하게도 공사까지 중단되었다. 그리고 한 1년쯤 지나 어떤 분에게서 전화가 왔다. 본인이 그 중단된 일을 정리하도록 책임을 위임받았다며 연락을 해 온 것이다.

내용은 거두절미하고 어음을 돌려주면 50%를 지급하겠다는 것이었다. 잠깐 고민했지만, 어차피 못 받으리라 포기했던 돈이니 그나마 다행이라 생각하고 나도 그렇게 정리하고 말았다. 또 그래야만 그쪽에서도 건물을 마저 공사하여 준공되고 사용할 수 있었기 때문이었다.

잡혀갔던 그 친구는 감방 생활을 마치고 나왔고 서울의 어떤 곳에 한참 공사가 진행되고 있던 대형 쇼핑센터 건물에 연관된 복잡한 이권에 관련된 일들을 하고 있었다. 내게는 미안하다며 한번 만나고 싶다고 전화가 와서 다시 보게 되었지만 나 역시 더는 함께하고 싶은 생각이 없었고, 그 친구도 그런 내 마음을 알았는지 더 부탁은 없이 식사만 같이하고 헤어졌다. 그렇게 그 사람과의 인연은 끝났고 나는 그 사람을 통해 그들의 세계를 조금 엿볼 수 있었다.

그 세계는 한번 발을 담그면 완전히 떠날 수는 없는 것 같았다. 또 그 세계가 가정에서 사랑받지 못한 아이들이 쉽게 빠져들게 되는 것도 참 안타까운 일이었다. 또 한편으로 여차하면 나 역시 개입될 수 있음도 알았다. 누구에게나 어려움을 겪게 되는 바탕에는 모두 지나친 욕심이 깔린 것 같다. 그리고 그 욕심은 나뿐만 아니라 다른 사람들까지 힘들게 한다. 그러니 잘 아는 얘기지만 다시 한번 욕심이 나를 지배하지 않도록 항상 나를 잘 다스려야 함을 또다시 깨닫는다.

직업에 따른 자세

20년 전쯤 강남에 작은 빌딩을 하나 설계한 적이 있다. 아는 분이 소개하여 만나게 된 건축주는 작은 회사를 운영하시는 분이셨는데 사업이 잘되셔서 사옥 겸 자그마한 건물을 짓고 싶어 하셨다. 소개하신 분이 나에 대해 어떻게 말씀하셨는지 모르겠지만 그 건축주는 땅을 구하는 일부터 설계, 공사까지 내가 모두 다 주관해서 해주었으면 좋겠다고 하셔서 부동산 소개부터 설계와 공사까지 전적으로 맡다시피 하며 진행하게 되었다.

나도 벽체 색상부터 타일까지 직접 자재상을 찾아 선정해가며 열심히 진행했다. 다행히 완공 후 한두 가지 하자가 생겨 보수한 걸 빼고는 잘 마무리되었다. 건축주도 준공 후 주변 다른 건물에 비해 건물의 느낌이 다르고 좋아서 상대적으로 임대도 잘된다며 만족해하고 건물관리도 잘하는 듯했다.

얼마 전 그분으로부터 연락이 와서 오랜만에 다시 만나게 되었다. 얼마 전 하시던 사업을 모두 정리하셨고 본인 회사가 사용하던 층도 모두 임대해 본인이 있을 곳이 마땅치 않다며 1개 층을 증축하고 싶다고 하셨다. 사실 처음 설계안에 1개 층이 더 있었는데 뒷집에서 지나치게 반대하는 바람에 1개 층을 축소하는 설계변경을 해서 공사를 했다.

건축주는 이번에 너무 낡은 기존 외벽 자재도 교체하고 몇몇 누수 부분을 비롯해 하자도 수리해서 건물 전체를 깨끗이 손보고 싶다고 했다. 설계와 허가를 마치고 건물에 대해 누구보다도 잘 아는 20년 전에 공사를 했던 사람과 다시 착공을 준비하다가 건축과 담당자에게서 서류가 미비하다는 연락을 받았다. 내용인즉 최근 지진 때문에 외벽재료가 탈락해 피해가 발생한 이후로 건축법 일부가 개정되면서 일정량 이상 규모로 기존 벽체의 재료를 변경할 때는 구조적인 확인서를 첨부해야 하는데 나는 법규가 변경된 줄 몰랐던 것이다. 다행히 이 건축주를 소개하신 분이 그 부분의 전문가시고 증축설계를 할 때도 그 부분을 맡아주셔서 아무 걱정 없이 보완서류를 부탁드렸는데 정말 예상치 못한 반응이 돌아왔다.

그분 말씀이 일단 이 부분은 본인이 절대 맡지 않으시겠다고 정색하며 다른 사람에게 부탁하라는 것이었다. 나는 순간 멍해지면서 어떻게 처리해야 하나 고민에 빠졌다. 그분은 나보다 선배면서 늘 나를 도와주시던 분일 뿐 아니라 건축주와도 가까운 가족이었다. 그분도 좀 그랬는지 나름대로 다른 사람이 일을 처리하는 방법을 알려주셨다. 나는 어쩔 수 없이 다른 전문가를 찾아가 사정을 설명하고 일을 부탁했다.

그런데 새로 연결한 분이 기존자료를 검토하더니 본인 생각으로는 그분이 일러주신 방법으로 해서는 안 될 것 같다며, 문제는 기존건물의 특수한 구조 부분이 있어서 그 부분을 해결해야 하는 건데 그건 기존에 하던 사람만 할 수 있다면서 본인은 해줄 수 없다는 것이었다.

나는 다시 원래 그분께 상황을 설명했다. 그분은 여전히 같은 주장을 하셨다. 나는 할 수 있는 사람을 다시 소개해달라고 부탁했다. 며칠 뒤 그분께서는 본인이 찾아봐도 마땅한 사람은 없는데 그런데도 자기는 안 하시겠다며 다시 못을 박았다.

일을 더는 미룰 수 없어 고민 끝에 건축주를 만났다. 그간의 일을 설명해 드리고 지금으로서는 도저히 방법이 없으니 이번에는 증축 부분만 공사하고 기존 벽체 변경공사는 다음으로 미루면 어떻겠냐고 말씀드렸다. 건축주는 좀 더 고민해보겠다고 하셨다. 일주일쯤 지나 건축주를 다시 만났다. 그분은 심히 실망한 모습으로 현재 심정으로는 일단 아무것도 안 하고 싶다고 하셨다. 일단 추진하던 것을 중단하고 시간이 지난 뒤에 다시 생각하시겠다며 미안해하셨다. 나도 거듭 사과드리고 증축설계 허가만 남겨둔 채로 일을 중단하기로 했다.

건축주께 아주 많이 죄송한 한편으로 거절한 선배의 속내가 잘 이해되지 않았다. 그렇게 단호하게 정색하며 칼같이 거절한 이유를. 본인이 거절하면 일이 진행될 수 없으니 본인이 조금만 애써서 처리해주면 모두에게 좋은 일일 텐데. 물론 그렇게 거절하신 데에는 그만한 이유가 있으리라고 생각한다. 또 그 분야 일의 특징이 우리보다 훨씬 세심하고 앞뒤가 정확해야 하는 일이어서 그 일을 하시는 분들의 성격상 맺고 끊음이 정확하다는 것도 알고 있다.

하지만 다른 한편으로 그렇게 결정적인 기술을 가진 사람이라면 행여 귀찮거나 성가시더라도 조금만 배려해서 문제가 해결될 수 있다면 기꺼이 해서 함께 행복해지는 게 진정한 전문가의 자세이자 보람이 아닐까 생각한다. 여전히 나는 그분이 거절할 수밖에 없었던 피치 못할 이유가 무엇인지 잘 모르지만, 내게 그 일은 여전히 아쉽고 속상한 일이다.

누구를 위한 공직인가?

설계 일을 하다 보면 일 년에 몇 번은 공무원을 만나게 된다. 주로 건축허가나 심의 때문에 건축직 공무원들을 만나는데, 약 10여 년 전부터는 건축과 공무원뿐 아니라 타 분야-주로 사회복지직-의 공무원들을 만날 일도 가끔 생긴다. 그 만남에서 너무나 대조적인 두 부류의 공무원을 만난 적이 있다.

몇 년 전 어느 지자체 장애인 부서의 공무원을 만나게 되었다. 계장님과 담당 주무관 두 분이었다. 나는 '유니버설 디자인'이라는, 장애인과 비장애인 모두에게 좋은 디자인의 분야를 다루는 일을 오래 만나온 후배와 같이 가끔 팀을 이뤄 함께 하곤 한다. 후배는 국내에서 그 분야 권위자로 열심히 활동 중이다. 건축할 때 유니버설 디자인을 적용한 결과는 그렇지 않은 것에 비해 그 결과가 상당히 달라서 관심이 있는 사람은 비용을 투자해서 이를 적용하고 싶어 한다.

두 분도 유니버설 디자인 때문에 만나게 되었다. 한 분은 사회복지직이고 다른 한 분은 건축직이셨는데, 한 부서에 같이 있으면서 뜻을 같이해 지자체에서 직접 건축하는 장애인 시설에 유니버설 디자인을 적용하고자 후배를 만나러 서울까지 왔고 나도 같이하게 되었다.

그런데 일찍이 지자체에 그런 전례가 없던 관계로 우리 팀에 비용을 지급하는 것부터 새롭게 처리해야 하는 일이 있었고, 건축을 마무리하는 과정까지 여러 관련 부서들과 협의와 설득을 거쳐야 하는 일들이 있었다. 안 해도 되는 일을 사서 하느라 고생한 꼴이었다.

그런 과정을 거치며 1차 컨설팅과 설계는 잘 마쳤지만 아쉽게도 공사가 한창 진행되던 중에 두 분 모두 동시에 다른 부서로 발령이 나는 바람에 원래 계획대로 공사를 마무리하지 못하고 끝내게 되어 무척 아쉽게 되어버렸다. 그 자리에 새로 온 분들은 본인들이 계획하고 추진한 일이 아니어선지 모든 면에서 전과 같지 않았다. 오히려 전에 있던 분들이 다른 부서로 옮겼어도 장애인을 위해 좋은 시설을 만들겠다는 의지를 보이며 나름대로 끝까지 열심히 노력해 주셨다.

공직자로서 참으로 아름답고 바람직한 모습이라 흐뭇했고 그런 두 분이 내내 좋았다. 시설 준공식 때 시장님이 나오셔서 그분들을 직접 표창하셨는데 그때 하신 말씀이 참 인상적이었다. 준공식에 참가한 공무원들을 향하여 "시청직원 모두가 이 사람들처럼 사서 고생하더라도, 아니 사서 욕먹을 일이 생겨도 제발 일 좀 저질러 달라, 그로 인한 욕은 내가 대신 먹겠다, 그래야 우리 시가 발전하지 않겠느냐?"는 말씀이셨다. 비록 앞에 언급한 것처럼 제대로 마무리가 안 되어 그날도 여러 사람에게

핀잔을 들었지만 - 그럴 수밖에 없었던 남의 속도, 사정도 모르면서 - 시장님 말씀대로 정말 발전하기 위해 제발 일 좀 저지르라는 말이 백번 지당하다고 생각했다. 지금도 그분들과는 가끔 연락하고 만나면서 정을 나누고 있다.

이 일을 통해 공무원이 추진한 사업은 국민의 세금을 효율적으로 사용하고 사업의 완성도를 높이기 위해 시작한 사람이 끝까지 마무리하도록 제도가 변화되었으면 좋겠다는 바람을 갖게 되었다.

그 일이 있고 얼마 후 다른 지자체에서 장애인 부서에 근무하는 공무원을 만났다. 이번에는 전혀 다른 경우였다. 내가 어느 장애인 시설로부터 의뢰받은 일에 대한 공사비의 최종 검사 결과를 협의하는 자리였다. 대체로 이런 시설을 신축하는데 소요되는 평당 단가는 설계 등에 따라 차이가 있겠지만 현재 약 600만 원 정도 소요되는 게 일반적이다. 그런데 정부에서 실제 지원하는 단가는 500만 원에도 못 미치는 게 현실이다. 그 차이가 워낙 크다 보니 설계가 완료되고 나면 공사 전 단계에서 늘 문제가 발생하곤 한다. 모자라는 비용 때문에 여러 문제가 생기는 것이다.

그래서 시설에서 자체적으로 마련하지 못하면 따로 후원을 받거나 바자회 등을 통해 비용을 마련하거나 지자체에서 더 예산을 마련해주거나 하는 등으로 해결하기도 한다. 이번 경우도 마찬가지였다. 시설에서는 자비로 부담할 형편이 안 되고 지자체에서도 추가예산은 어렵고 하다 보니 그 사이에서 오가는 얘기들이 서로를 힘들게 하는 것이었다.

문제는 해당 당사자들이 각자 어떤 생각으로 이 일을 풀어가야 하는가 하는 점이다. 내가 지극히 실망스러웠던 점은 담당 공무원이 이런 현실을 잘 알고 있음에도 불구하고 조금씩 양보하면서 일을 진행하려는 것이 아니라 자신의 편의만을 고집하는 것이었다.

그가 주장하는 것은 낮은 가격에 입찰하는 것에 대한 낙찰자의 항의를 왜 본인이 받아야 하느냐는 것이었다. 그래서, 입찰을 주관하는 곳은 지자체가 아니라 해당 시설이고, 공무원은 한발 비껴있는 검토자일 뿐 실제로 고통받는 건 해당 시설이라고 설명하고 이해시키려 했지만, 본인에게 문제가 생기지 않도록 본인이 정하는 만큼의 예산을 누군가 무조건 마련해야 한다고 고집했다. 그렇지 않으면 본인의 권한이니 검사를 못 해주겠다고 했다.

입을지 안 입을지도 모르는 작은 피해가 행여라도 있을까 봐 다른 누군가에게 큰 부담을 안기게 되는 경우가 되었다. 물론 낙찰자가 손해를 보는 뻔한 경우라거나 시설에서 추가로 부담할 수 있을 만큼의 능력이 있는데도 부담하지 않으려고 하는 경우라면 그분의 말도 어느 정도 이해가 되겠지만 이번 상황은 그런 경우가 아니었다.

끝내는 "돈이 안 되면 판넬로 지으셔야죠."하는 말에 정말 기가 턱 막혔다. 아니, 그럼 장애인은 판넬집에 살아도 되는가? 아니, '장애인과'는 도대체 누구를 위한 부서인가? 앞서 언급한 공무원들처럼 장애인을 위해 앞장서서 일하지는 못할망정 이건 아니지 않나 생각이 들며 너무너무 실망스러웠다. 또 한편으로 이분들은 왜 여기 있는 거지? 차라리 이 부서가 없고 이분들이 여기 없는 것이 오히려 나은 게 아닌가? 하는 생각까지 들었다.

결국 그분들의 권한과 생각대로 시설에서 대출을 받아 자부담을 늘리고도 모자라 설계한 건물 1/3을 줄여야만 했다. 참 현실이 서글펐다. 과연 공무원의 역할은 뭘까? 공직자의 본분은 뭘까?

공무원의 이런 행동은 오직 자기만을 위한 것처럼 보여 심히 안타까웠다. 그저 본인에게 화가 미치지 않고 욕먹지 않는 것을 기준으로 판단하고 결정하고 실행하는 것 같았다. 나만 문제 안 되면 상대가 힘들어도, 피해를 보아도 괜찮은 듯 보였다. 더욱이, 상급자의 질책도 부탁도 오직 본인의 선택상황일 뿐이었다. 풍부한 선배 경험자의 조언도 아무 가치가 없는 것이었다. 발전과 익어감이 필요 없다는 것이다. 잘못된 판단도 본인이 옳다고 생각되면 그대로 시행되어야 한다. 지금의 제도에서 보이는 한계가 그러하다. 사회적 인간적 질서마저도 소용없는 듯 보였다.

그저 개개인에 대한 인격 존중, 권한 부여, 책임 부여, 그리고 규정이 가진 본연의 취지가 아니라 규정의 문구와 글자의 만능, 이런 것에서 이 사회는 자꾸 개인주의로 치달으며 우리라는 말이 필요 없는 사회로 몰인정, 무책임의 사회로 점점 메말라 감을 가끔 가슴 치며 아파한다. 나는 어떤가?

내 주위의 사람들이라도 우리 아이들이라도 내 가족이라도 '함께'라는 배려하는 맘을 꼭 지니고 살았으면 좋겠다. 그때를 떠올리면 여전히 참 맘이 힘들다.

정말 안 풀리는 해

올해는 연초부터 전 세계가 코로나바이러스로 심한 몸살을 앓고 있다. 나라마다 국경을 폐쇄하고 외출 금지에 온갖 규제로 모든 사람을 묶어놓고 있다. 다행히 우리나라는 세계에서도 칭찬하는 방역 모범국가로 그나마 전국의 왕래도 자유롭고 그런대로 지낼 만하다. 하지만 타격이 심한 해외여행 분야 같은 곳은 사업의 매출 규모가 98%까지 떨어진 곳도 있다. 다시 말하면 업계 모두가 문 닫을 정도로 힘들다는 뜻이다.

건설 분야는 일 자체가 장기간 진행되는 사업의 분야라 당장은 큰 피해가 보이지 않고 있다. 물론 시간이 지나 전체적인 경기가 하락하고 어려워진다면 큰 타격을 입는 분야로 건축 분야가 포함될 가능성도 크다. 건축은 투자에 속하는 분야라 여유가 없으면 투자는 당연히 뒤로 갈 수밖에 없기 때문이다.

나는 매년 그렇게 해왔듯이 올 초에도 한해의 전체적인 흐름을 파악해 보았었다. 우선 올해는 설계가 완료되거나 진행되고 있는 일들을 합해서 전국적으로 다녀야 하는 현장만 일곱 군데나 예상되어서 감리에 많은 시간이 쓰이겠다고 생각했다. 1주일에 한 번씩 모든 현장을 둘러보려면 가까운 곳 두 군데를 하루에 같이 돌아도 사무실에서 일할 수 있는 날은 일주일 중 하루

나 잘해야 이틀 정도였다.

다만 짧은 시간 내에 끝나는 현장들이 있어서 하반기에는 내부 근무시간도 좀 확보될 것 같은 흐름이었다. 하지만 막상 시간이 가면서 상황이 바뀌기 시작하였다. 제일 먼저 올해 가장 역점을 두었던 일이 생각지도 못한 변수를 맞아 설계가 언제 재개될지 모르게 연기되었다.

그 일은 약간 특수한 분야의 일이었다. 유명관광지 관련 일로서 사유재산이지만 국가로부터 일정한 통제를 받는 시설이었다. 그래서 시설보완을 위해 건축허가 전 사전심의를 받아야 해서 도서를 준비해 접수했다가 보완을 통보받게 되었다. 내용을 확인해 보니 지방과 중앙행정부 담당자 사이에 의견 차이가 있어 우선 접수 자체를 취하하게 되었단다.

요건을 갖추어 다시 접수하기 전에 사전협의차 중앙행정부에 문의했더니 중앙부서의 담당자는 설계 전체를 먼저 완료해야만 검토해 주겠다는 고개를 갸우뚱하게 하는 이상한 요청을 했다. 마음 한구석이 찜찜했지만 급하게 심의가 아닌 허가용 도면을 여러 협력업체와 함께 진행해서 완료했다.

그렇게 완료된 도면을 들고 담당자를 찾아갔더니 이번엔 그려오라던 완성된 도면은 쳐다도 보지 않은 채 먼저 본 사업의 타당성부터 본인을 설득하라고 했다. '헐', 정말 어이가 없었다. 그럼 왜 도면을 다 그려오라 했는지 아주 많이 따지고 싶었지만 늘 그렇듯 우리 같은 을은 참고 돌아설 수밖에 없었다.

그 문제는 결국 담당 행정부서와 사업 주체와의 사업 진행 주도권 문제인 듯 보였고 사업 주체는 그런 행정부서 담당자를 충분히 파악하고 협의하지 못한 듯 보였다. 나는 거기에 엉뚱하게 말려든 경우였다. 결국, 설계는 중단되었고 사업 주체에서 사업 타당성 점검부터 다시 받아야 하는 꼴이 되었다. 언제 완료될지, 그리고 과연 될지 안 될지도 모르는 상태가 되어버린 것이다.

그 일을 시작으로 두 번째 일 또한 어려움이 발생하였다. 그 일은 모든 설계가 완료되었으나 사업비 충당 문제로 결정을 내리지 못하고 몇 개월씩 시간을 하염없이 흘려보내는 상황이 된 것이다. 3월 중에는 꼭 공사를 시작해야 한다던 일이 설계 납품마저도 못 받는 상황이 된 것이다.

이어 세 번째, 그나마 그럭저럭 공사가 진행되던 현장이 하나 있었는데 이번에는 지역 내 시멘트 파동이 발생해 지역의 모든 공사 현장과 같이 공사 중단이 되어버렸다. 한 달 반이 훌쩍 넘어가도록 해결될 기미가 전혀 보이지 않으니 이 또한 엎친 데 덮친 꼴이 된 것이다.

이렇게 여러 일이 연초의 계획과는 완전 딴판으로 변해버렸으니 내 고민은 점점 깊어진다. 수입 없는 시간만 자꾸 흘러가고 있다. 과연 언제까지 버틸 수 있을까? 코로나바이러스 사태로 인해 탄탄한 중소기업도 버티기 힘들다는데 우리 같은 개인 사업체는 오죽할까?

답답한 마음에 지나온 10여 년 동안의 경영상태를 들추어 본다. 몇 년에 한 번씩 이와 같은 고통스러운 해들이 찾아왔던 것 같다. 그럴 때마다 심히 힘들었던 기억이 새록새록 난다. 늘 나의 고민은 어디서 돈을 구하지? 하는 걱정들, 또 그다음 상황은 어떻게 대비하지? 하는 염려들이었다. 이번에도 역시 꼭 같다.

다만 나 스스로 위로해 보는 건, 그때도 지나갔으니 이번도 또 지나갈 거라는 막연한 위안뿐이다. 이럴 땐 정말 그만하고 싶은 생각이 굴뚝같다. 그러면 나 자신에게 묻는 말, 그럼 뭐 할 건데? 답이 없다.

그래도 내가 할 수 있는 건, 그래도 내가 제일 잘하는 건 이것뿐인데…. 머리 커서 한 일은 이게 전부인데…. 오늘도 한숨만 커진다. 그리고 어깨가 아프고 맘이 너무 어둡고 또 무겁다. 아무에게도 말할 수 없는 외로움이 밀려온다.

5 이런 인연 저런 인연

나와는 격이 다른 친구

중학교 시절, 어디선가 듣거나 읽고서 꼭 실천하고 싶었던 것이 하나 있었다. 그건 살면서 친구를 여섯 명은 사귀어야 한다는 말이었다. 첫째로 나보다 잘생긴 사람과 못생긴 사람, 다음으로 나보다 부자인 사람과 가난한 사람, 마지막으로 나보다 똑똑한 사람과 그렇지 못한 사람. 어린 나이에 왜 그런 얘기에 귀가 솔깃했는지 모르지만, 무척 옳은 말이라 생각하고 주변을 살펴보니 한 친구가 떠올랐다. 그 친구는 우리 반 아이들 중에 무척 부잣집 아이였다. 1960년대 말에 기사가 딸린 고급 차로 매일 등하교하던 친구였기 때문이다. 그 친구는 심성이 무척 착하고 격이 없이 순수한 아이기도 했다.

나는 나름 잘한다고 선생님께 칭찬받던 문학적 소질(?)로 그 친구의 시 쓰기 숙제를 해주기도 하면서 의도적으로 그 친구에게 접근했고, 우리는 그렇게 서로 가까워져 그 친구의 집에도 놀러 가는 사이가 되었다. 당시 나는 시골에서 막 올라온 촌놈이었다. 그리고 작은아버지 집에 얹혀사는 신세여서 서울 친구들보다는 물정을 더 모르기도 했지만 처음 가 본 그 친구 집은 나의 상상 이상이었다. 내 기억으로는 커도 너무 큰 집이었다. 3층짜리 집이었고 지하는 차고였던 것으로 기억한다. 그 친구와 나는 그렇게 친분을 유지하며 중학교를 같이 다녔고 이후 나는 동일계 고등학교로 무시험 진학-당시 존재했던 제도-을 했고, 그 친구는 과외도 받아 가며 열심히 해서 국내 탑3 안에 드는 좋은 고등학교로 시험을 거쳐 진학하게 되었다. 이후 우리는 직접 만나지는 못했어도 나의 의지로 1년에 한 번쯤 편지를 주고받는 사이로 지냈다.

이어 대학 진학 후 우연히 그 친구도 우리 학교 의대를 다닌다는 걸 알게 되어 다시 연락을 이어가게 되었고, 대학 시절 마지막쯤에 내가 급성 위장병으로 아파서 쩔쩔맬 때 병원 인턴으로 있던 그 친구의 도움을 받아 당시 귀했던 앰뷸런스를 타고 그 병원으로 가서 치료를 받은 적도 있다. 대학 졸업 후 나는 설계사무소를 다녔고 그 친구는 우리 학교 대학병원에 의사로 남았다.

설계사무소를 다닌 지 4, 5년 됐을 무렵 어느 설계사무소 실장으로 근무할 때였다. 어느 날 저녁 퇴근 무렵 노신사 한 분이 사무실로 들어오셔서 소장님을 찾았다. 안 계신다고 했더니 본인은 바로 근처에 있는 단독주택단지에 사는 사람인데 집을 조금 증축하고 싶어 그러니 함께 가서 가능한지를 좀 봐줄 수 있겠느냐고 하셨다. 불과 몇백 미터 떨어진 곳이라 나는 소장님 대신 봐 드리겠다고 그분을 따라나섰다. 그 단독주택단지는 2~30세대 정도 되는, 국내 굴지의 건설회사가 지어 분양한 단지로 꽤 부유한 사람들이 사는 곳으로 알려진 곳이었다. 당연히 그분도 그런 부류에 속하는 분이라 생각하며 그분 집 앞에 도착했는데 대문에 붙어있는 문패의 이름이 어디서 꼭 본 것 같은 이름이었다. 한참을 생각하다 그 의사 친구의 아버지 성함이 머릿속을 스쳤다. 나는 집안에 들어가서 증축을 하고 싶으시다는 곳을 살피고 잠깐 앉아 얘기를 나누고는 그분께 여쭤보았다.

'혹시 누구 아버님 아니시냐'고 했더니 맞는다고 하시는 것이다. 나는 다시 정중히 인사를 드리며 아들의 친구라고 내 소개를 했다. 그분은 무척 반기시며 내 손을 잡으셨다. 그렇게 나는 친구 아버님을 처음 뵙게 되었고, 이후 여러 차례 만나 식사도 같이하고 주택증축도 설계부터 공사까지 도와드리게 되었다. 친구 아버님은 당시 굴지의 국가기반 기업의 대표도 지내셨던 분으로 그때가 막 은퇴하셨던 때였다. 이후 왕래를 이어가며 그분의 건축적 자문도 여러 번 해드리기도 했다.

몇 년 후 그 아버님께서 갑자기 돌아가셔서 조문하러 가게 되었다. 장례는 바로 그 집에서 치렀는데, 가 보니 집 안이고 마당이고 할 것 없이 검은 정장 차림의 정·재계 인사들을 비롯한 조문객들로 가득 차 있었다. 설계한답시고 평소에는 자유로운 복장이어도 그날은 날이 날인지라 어느 정도 격식을 차려 복장을 갖추었는데도 그 자리에 같이 있기가 좀 민망한 정도였다. 할 수 없이 얼른 조문만 마치고 그 자리를 나왔다. 그 집을 나오면서 문득 몇 년 전 그 친구의 결혼식이 생각났다. 그때도 나는 현장에서 근무하다 급히 결혼식에 가느라 옷도 갈아입지 못해 작업복 차림이었는데, 결혼식 장소도 물론 국내 최고의 장소였지만 하객 모두가 짙은 색 정장 차림이어서 그때도 급히 축의금만 전달하고 나왔던 기억이 났다.

그렇게 우리는 서로 격이 다른 와중에도 인연을 계속 이어갔다. 내 사무실을 한창 열심히 운영하던 시기에 그 친구에게서 연락이 왔다. 아버지께서 물려주신 땅이 강남대로 변에 있는데 삼 남매 앞으로 된 3필지 중 붙어있는 2필지, 여동생과 본인 땅에 건물을 짓고 싶다는 것이었다. 건축에 필요한 자금을 어느 정도 확보했고 부족한 자금은 은행 대출로 충분히 가능하다고 했다. 또 아버지의 인연을 통해 건물임대에 가장 중요한 1, 2층에 은행지점으로 임대가 정해져서 별문제 없이 건축은 충분히 가능했다. 또 수소문해보니 그 친구의 초등학교 동창 중 한 사람이 건설사를 운영 중인데, 실력도 있고 자리를 잘 잡아가는 회사라고 해서 그렇게 시공사도 미리 정해지게 되었다.

그 친구 성격이 워낙 다른 사람 일에 일절 간섭하지 않고 믿고 맡기는 편이라 정말 아무 간섭 없이 설계와 감리 모두 내 뜻대로 디자인하며 만들었고, 또 그렇게 완전히 믿고 맡기니 나로서도 더욱 신경을 쓰게 되어 문손잡이 하나부터 건물 내 외부 싸인과 정초석까지 할 수 있는 모든 정성을 건축 과정에 반영하였다. 결과도 그런대로 좋아서 건축 잡지 한켠에 소개되었고 또 생각보다 저렴하게 공사가 잘 완료되었다. 또 위치가 워낙 좋은 곳이라 임대도 잘 되어 모두가 만족하는 일이 되었다. 나에게도 이른 나이에 강남대로 변에 제법 규모 있는 건축 설계를 하게 된 소중한 기회이기도 했다.

하지만 아쉽게도 몇 년 지나지 않아 IMF 사태가 발생했고 입주해있던 임대사무실들이 하나둘 비게 되었다. 마침내 1, 2층에 들어있던 은행조차도 지점을 폐쇄할 수도 있다고 하는 등 상황은 자꾸 더 안 좋아지고 있었다. 공사 때 빌린 은행 대출이 아직 남아있던 상태라 내심 불안해했던 친구는 건물을 팔기로 마음먹었다. 나를 비롯해 부동산 전문가나 주변 여러 사람이 만류했다. 이 시기를 참고 넘기면 경제적 가치가 훨씬 높은 건물이 되는 게 불 보듯 뻔한 일이었기 때문이다. 하지만 그 친구는 돈도 좋지만 그런 일에 더는 신경 쓰고 싶지 않다며 손해만 아니면 팔고 싶다고 했다. 그렇게 그 건물은 정말 저렴한 가격에 임대전문업자에게 팔려버렸다. 그리고 내가 관여했다면 절대 붙일 수 없었을 건물 이름 간판이 전면 벽 꼭대기에 턱 붙었던 것이다.

지금도 가끔 그 옆을 지날 때는 그때 생각이 새록새록 난다. 어린 시절 때부터 시작된 우리의 인연, 그것도 세상 철없던 나이에 내 의지로 만든 인연이 신기하게도 참 잘 이어져 왔다. 그 친구도 나도 돈을 좇지 않은 공통점 때문인지는 몰라도 지금도 각자의 자리를 지키고 있는 것 같기도 하다. 격은 달라도 말이다. 지금도 그 친구에게 감사한 것은 젊고 경험도 부족한 나에게 중요하고도 돈이 많이 소요되는 일을 끝까지 믿고 맡겨주었던 점이다. 내가 친구 입장이어도 그럴 수 있었을까? 그 친구는 나보다 부자인 친구가 아니라 훌륭한 인격의 친구였다. 그런 친구를 만난 나는 참 운이 좋았다. 늘 내게 밥을 샀던 친구, 덕분에 여러 맛있는 집을 알게 해준 친구, 이제는 내가 밥 한 끼 대접해야겠다. 맛있는 집으로….

스칸디아 아저씨

오래전 용인 전원주택에 입주하기 위해 마지막 준비를 하던 때였다. 가구를 몇 가지 준비하기 위해 알아보다가 용인 시내에 우리 집과 잘 어울리겠다고 생각한 '스칸디아'라는 가구 브랜드 매장을 방문하게 되었다. 매장건물은 약간 허술한 단층 짜리 단독건물로 그런대로 물건들은 갖추고 있고 손님은 별로 없는 한산한 곳이었다. 매장에는 사장님 한 분만 있으셨는데 자그마한 키에 워낙 순한 인상이었다. 대부분 붙박이장 등을 현장에서 제작했고, 자재 수입 시 함께 수입한 식탁 등이 있고 또 옷들은 드레스룸이 있어 가구가 많이 필요하진 않았다. 침대 3개와 가벼운 장식용 박스 가구만 좀 있으면 되는 상황이었다. 아무튼, 매장을 둘러보는데 사장님 인상도 워낙 좋으셨고 또 서울을 떠나 그곳으로 내려와 살기로 한 내 사연을 들으시고는 더욱 잘해주셔서 필요한 가구를 주문하고 나왔다.

얼마 후 그 사장님은 주문했던 가구를 배달해주러 집으로 오셨다. 그러고는 얼굴에 미소를 가득 품고는 바로 가시지 않고 앉아서 이것저것 집에 관해 물어보셨다. 나름대로 자세히 설명해 드렸고 사장님은 돌아가셨다. 그날 이후 우리 집에서는 그분을 '스칸디아 아저씨'로 부르게 되었다. 이후 스칸디아 아저씨는 어쩌다 한 번씩 생각지도 않게 전화를 주시곤 하셨는데, 한번은 좀 만나고 싶다고 하셔서 매장으로 찾아갔다. 아저씨는 본인에 대해 여러 얘기를 하셨다. 쭉 용인에서 나고 자라는 동안 돌아가신 아버님 덕에 별 어려움 없이 컸고 지금 매장도 아버님께 물려받은 건물과 땅이라고 했다. 그리고 바로 옆 땅은 형님 것인데 수원에 자리 잡은 회사에 중역으로 근무하시고 자기는 아직 노총각으로 어머님과 함께 살고 있다며 수줍게 덧붙였다.

나를 만나자고 한 이유는 매장이 있는 땅에다 건물을 짓고 싶은데 설계를 해달라는 것이었다. 규모는 가능한 최대 규모를 원하셨다. 그 땅은 당시로도 용인 시내 중심가에 자리하고 있었기 때문에 위치는 아주 좋은 위치였다. 그리고 건물 용도는 모두 임대업장들이고 최상층에서는 본인이 직접 스카이라운지 레스토랑을 운영하고 싶다고 했다. 그러면서 이번 일이 잘 마무리되면 지금 사귀고 있는 사람과 결혼도 할 거라고 살짝 웃으며 얘기했다.

나는 그렇게 생각지도 못한 일을 맡게 되었고 좋은 기분에 설계비도 대폭 깎아 주면서 신나게 일했다. 규모는 지하 1층에 지상 7층짜리 건물이었다. 설계를 마무리하고 시공자를 선정해야 하는 시점에 스칸디아 아저씨는 내게 괜찮은 시공회사를 추천해 달라고 하셨다. 당시에는 땅이 있고 임대확률이 높으면 건설사들이 외상으로 건물을 많이 지어 줄 때였다. 나는 마침 좋은 협력관계에 있던 건설회사가 있어서 같이 협의를 진행했고 회사가 서울에 있어 거리상 약간 문제가 있었지만, 검토 후 흔쾌히 그렇게 외상 공사로 진행하기로 서로 계약하게 되었다. 그렇게 막 공사를 진행하기 시작했는데 또 그 스칸디아 아저씨에게서 기분이 좋은 목소리로 전화가 왔다. 이번에는 옆 땅 형님도 건물을 같이 지으시겠다는 것이었다. 나는 바로 그 형님을 만나 협의를 진행했고 이번에는 동생과는 다르게 본인의 능력대로만 짓겠다고 하셨다. 규모를 3층만 우선 짓고 추후 능력이 되면 더 증축할 수 있도록 고려해서 설계해 달라고 하셨다. 그렇게 한쪽에서는 공사가 진행되는 동안 한쪽으론 형님 땅 설계가 진행되었다. 어느덧 그 설계도 마무리되면서 자연스럽게 공사도 같은 회사로 결정하게 되었고 건설사 사장님도 내게 고마워하셨다.

그렇게 공사가 잘 진행되어 마무리되어가는 때, 이제부터 임대를 해야 하는데 왜 그러는지 경기가 급속히 하락하면서 임대가 잘 되지를 않는 것이다. 더구나 그 스칸디아 아저씨는 마음이 착해서 임대자가 찾아오면 자기 건물이 아니라 형님 건물부터 먼저 소개하는 것이었다. 공사는 끝나 가는데 임대자가 나타나지를 않으니 점점 고민이 깊어졌다. 건설사 역시 잔뜩 자금을 투입하고는 회수가 안 되니 또 고민에 빠질 수밖에 없었다. 다행히 형님 건물은 상대적으로 건물이 높지 않아서 그런지 그런대로 임대되어 공사비를 정산할 수 있었다. 하지만 스칸디아 아저씨 건물은 공사가 완료되었지만, 공사비 정산을 할 수가 없었다. 그렇게 임대는 안 되는 상황으로 자꾸 시간만 흘러갔고 끝내는 시공회사에서 건물에 대한 압류를 진행하게 되었다. 하니 그 착하고 마음 약한 스칸디아 아저씨는 은행 대출을 비롯한 여러 가지 방법을 통해 잔금을 치를 수밖에 없었다. 그러면서 그 일로 인해 그간 꿈꿔왔던 결혼도 물 건너간 듯 보였다. 그때부터 스칸디아 아저씨께서는 비어있는 건물과 은행 이자 등으로 깊은 한숨으로 세월을 보냈고 어쩌다 만날 때면 그 깊은 고민이 온 얼굴에 가득했다. 그러면서 어떨 때는 만나려고 하지도 않았다. 그렇게 힘들게, 힘들게 지나면서 속도는 많이 느렸지만 그래도 다행히 한층, 한층 임대가 이뤄지고 있었다. 그렇게 해서 거의 다 임대가 완료되었을 때쯤 용인에서 설계사무실을 하는 후배 - 우리 사무실 직원으로 있다가 건축사자격을 취득하고 용인에서 개업한 - 에게서 연락이 왔다. 그 스칸디아 아저씨가 건물 일부를 용도변경 한다는 것이다. 두 사람은 서로 설계 때부터 알고 있었던 사이기도 하고 업무 자체도 간단한 업무이니 그 친구에게 연락한 것 같았다. 그래서 나와 이런저런 얘기를 나누다 그 친구가 내일 건물을 직접 가보고 처리하겠다고 했다.

다음날이었다. 세상에 이게 무슨 일인가… 그 친구에게서 깜짝 놀랄 연락이 왔다. 건물에 가 보려고 그분께 연락했더니 연락이 안 되어서 여기저기 확인해 본 결과 글쎄 밤새 세상을 떠났다는 것이었다. 그것도 자살로 추정된다는 것이다. 지하 계단 옆에, 평소에 잘 먹지도 못하는 소주병과 함께 쓰러져 있었다는 것이다. 정말 많이 놀랐다. 소식을 듣는 순간 지나온 시간이 영화필름처럼 흘러가면서 마치 내가 원인을 제공한 듯 정말 미안하기 그지없었다. 그 착하고, 착하고, 싫은 소리 한마디 못 하는 분이 얼마나 괴로웠으면 그랬을까. 마음이 너무 아팠다. 그때는 또 건물임대도 다 되고 본인이 직접 레스토랑을 해보겠다고 했던 마지막 층만 남은 상태였다. 그런데 왜? 라는 강한 의문도 함께 들었다.

정말 착한 분이었는데……. 뭔가 말 못 할 아픔이 있었는지 알 수가 없다. 이럴 때 보면 건물을 소유하는 일이 결코 좋은 일만은 아니다. 어쩌면 그 과정에서 누군가에게는 이렇게 너무너무 힘든 일일 수도 있다. 그렇게 그 사건은 내겐 두고두고 마음 아픈 일이 되어버렸다. 지금도 어쩌다 그 옆을 지날 때면 참 많이 생각이 난다.

아내가 일로 만난 건축가들과 나

아내는 내게 세상에서 제일 고맙고 또 제일 미안한 존재이다. 기억을 거슬러 올라가면 IMF 사태가 오기 몇 년 전부터 좋았던 건축경기가 슬슬 후퇴하기 시작했다. 하기야 일상의 삶이 팍팍해져 가는데 개인, 기업 할 것 없이 건축에 투자하는 일이 점점 줄어드는 건 어쩌면 당연했다.

어지간한 지역에 땅만 가지고 있으면 건설업자가 찾아와서 알아서 건물 다 짓고 분양, 임대까지 해서 건축공사비 제하고 땅 주인에게 넘겨주고 가면 땅 주인은 가만히 앉아 임대료를 챙기던 호황의 시절이 끝나가고 있었다. 또 한편으로는 한참 아이들 해외 조기교육 바람이 불던 때라 덩달아 나도 아이들과 아내를 처제가 있는 호주로 보내고 기러기아빠를 할 때여서 생활비 지출이 많았다.

그러다 악몽 같은 IMF 사태가 발생했고 안 그래도 내리막길을 걷던 건축 시장은 씨가 마르듯 흘러갔고, 은행 이자는 사채이자를 넘보듯 한없이 올라가면서 정말 앞이 캄캄한 상황이 전개되고 있었다.

한 번은 아는 분의 소개로 건축을 하시겠다는 분을 만났더니 곰곰이 생각해보니 지금은 건축할 때가 아닌 것 같다며 혹시 주변에 돈 필요한 사람 있으면 소개해 달라고 해서 허탈한 마음으로 돌아 나온 적이 있었다. 그렇게 온 나라와 함께 어려워진 우리 사무실도 어쩔 수 없이 직원 감축, 경비 축소 등 할 수 있는 조치는 다 해보지만, 호주로 보내는 생활비는 제때 주지 못해 밀렸고 결국은 처제에게 신세를 져가며 애초 계획했던 3년을 다 채우지 못하고 식구들을 귀국시킬 수밖에 없었다.

식구들이 되돌아오기 전 나는 혼자 조용히, 살던 전원주택을 가슴 아프게 팔고 분당에 작은 아파트 하나를 전세로 얻었다. 아파트 전세를 주던 집주인이 건축 잡지에서 내가 살던 집과 나를 보았다며 아는 체를 해서 더 마음이 안 좋았다. 학기가 끝난 아이들이 먼저 들어오고 몇 달 후에 아내도 공부하던 학기를 끝내고 돌아왔다. 떠날 때에 비하면 완전히 변한 이곳 상황을 보고, 아내의 마음이 오죽 힘들었을까 싶다.

그러던 어느 날 아내는 나도 모르게 일을 하러 나가기 시작했고(무슨 일을 하는지 난 물어볼 수도 없었다) 그렇게 몇 년이 흘러 아내는 공인중개사 시험에 합격하고는(늘 한 번에 탁 붙었다고 자랑한다) 부동산 사무실에 취업해서 나가더니 몇 년 후 드디어 본인 사무실을 열게 되었다.

사무실은 분당 끝에 자리하고 있었다. 그곳은 아파트 밀집 지역이 아니고 고급주택가가 있는 약간 한적한 동네로 부동산매매나 전·월세 등이 빈번한, 흔히 얘기하는 목이 좋은 곳은 아니었다. 하지만 아내는 오히려 그곳을 아주 많이 좋아했다. 왜냐하면 되려 한가했기 때문이다. 아내는 성격상 전형적인 부동산 중개업의 영업 스타일과 거리가 멀었다. 그렇지만 군소리 없이 늘 진실하게 영업해서 그 점을 좋아하는 사람과는 오래 만나면서 친해지고 그러다 거래가 성사되곤 했다.

다행히 그 지역의 집은 고급주택이 많아서 거래가 한번 성사되면 수수료도 그만큼 커서 아내는 좋아했다. 다른 말로 하면 아내는 본인 말대로 적당히 놀면서 일하는 걸 좋아하는 사람이다.

아내가 그 동네 거주하는 사람들과 알고 지내면서 만나게 된 건축사들이 몇 명 있었다. 정확히 말하면 건축사 부인들이다. 그중 한 분은 대형사무실을 오래 운영하신 분으로 건축을 전공하고 유학을 다녀와서 아버지 사업을 물려받으려 하는 아들을 둔 분이고, 다른 한 분은 성남 지역개발 초기 당시 그 지역에 땅을 많이 가지고 있어서 지역개발로 인해 물려받은 재산이 크기도 했지만, 당시 지역개발이 왕성했던 시기에 설계사무실을 운영하며 상당히 벌이가 좋았던 분이었다. 마지막 한 분은 잘은 모르지만, 당시 그 지역에서 협회장이던가를 하던 분으로 역시 단단히 자리를 잡은 분인 것 같았다.

아내는 그들에게 내 자세한 신상은 밝히지 않고 그냥 우리 남편도 설계사무실을 한다는 정도로만 얘기한 듯했다. 협회장인 분을 제외하면 나머지 두 분은 최근 현직에서 은퇴하신 것 같았다. 대형사무실을 운영하던 분은 회사가 좀 어려워져 정리하고 살던 집도 팔아 이사했고, 역시 지역에서 왕성히 활동했던 분도 사무실을 정리하고 두 부부만 살기 위해 좀 작은 실버 아파트로 이사한 것으로 들었다. 하지만 두 분 다 그간 잘 벌어왔던 관계로 노후 걱정은 전혀 없는 분들이었다.

어떻게 보면 가장 돈도 못 벌고 별 볼 일 없는 나만 아직도 열심히 활동하고 있는 것이었다. 말도 안 되지만 아내는 가끔 내게 힘을 주려고 "당신이 최고"라며 엄지를 치켜세운다. 가장 늦게까지 열심히 일할 수 있는 사람이 능력자라고, 아직도 당신을 찾는 사람이 있지 않냐고…

아내는 아내다. 얼마나 미울 텐데… 아내는 내게 정말 고맙고 미안한 존재이다. 내 휴대전화에 아내는 '미안한거♥'로 저장되어 있다. 아이들이 다 큰 지금 아내는 하던 사무실을 미련 없이 넘기고 원래 모습으로 집에서 잘 놀며 지내고 있다. 스스로 잘 즐기며.

그래서 내가 아내에게 엄지를 치켜세운다. 당신은 최고 멋져!! 정말 부럽고 멋지다.

정말 좋으신 건축주

몇 년 전 대학교수로 있는 후배의 소개로 경기도 이천에 도자기 공방을 설계한 적이 있다. 건축주 부부는 같이 도자기를 하시는 분으로 한 분은 주로 작업을 많이 하시고 한 분은 학교에 교수로 계셔서 학교 일을 더 많이 하시는 것 같았다. 생각보다 훨씬 재미있게 일을 진행하며 건물이 완공되었고 본인들도 꽤나 만족해하신 일이었다.

공방 바로 옆 땅이 부인의 언니 땅이었는데 사정상 건축을 못하던 차에 시청으로부터 일정 기간까지 건축을 완료하라는 통보를 받고 우선 최소한으로 건축해서 세라도 주겠다며 언니네가 또 내게 설계를 의뢰하셔서 아주 작은 건물을 설계하게 되었다. 설계가 완성되고 언제쯤 공사를 해야 하나 하고 있던 차에 마침 그 땅을 사겠다는 사람이 나타났다. 그렇지 않아도 어떻게 될지도 모르는 건축을 많이 부담스러워하던 언니네는 설계를 완료해놓아 좀 아까워하기는 했지만, 그 땅을 팔았다.

새로 땅을 산 분은 나보다는 조금 연세가 많으시고 은퇴하신 분으로, 본인이 도예를 하시는 건 아니지만 딸이 도예를 하고 있어서 딸과 같이 지내면서 아래는 도예 작업실로 위층은 노부부의 주택으로 쓰시려고 했다. 땅을 사시면서 그분들이 매매를 연결했던 옆집 교수님께 집은 누가 지었냐고 묻고 설계자를 소개해달라고 해서 교수님은 나를 흔쾌히 소개해주셨다.

사실 사람을 소개한다는 일이 그렇게 쉽지만은 않다. 특히 이런 경우 아무리 좋다고 해도 흠은 있게 마련이고 잘 되면 좋겠지만 행여라도 불협화음이라도 나면 내내 옆집으로 계속 지내야 해서 부담스러운 게 사실이다. 하지만 감사하게도 옆집 교수님이 이를 모두 감수하고 나를 소개를 해주신 것이다. 칭찬까지 듬뿍 담아서.

마침 우리 사무실에서 가까운 곳에 새로 지을 건축주들의 현재 사시는 곳이 있어서 설계하는 동안 편하게 만나곤 했다.

첫 만남부터 노부부 두 분은 무척 기분이 좋은 에너지를 절로 풍기시고 무척이나 겸손하신 분들이셨다. 부인께서는 상당한 미인이셨고 남편께서는 정말 좋은 인상이셨다. 첫인상부터 괜히 기분 좋은 만남이었다. 그리고 알고 보니 남편께서는 들으면 바로 알만한 큰 회사의 대표로 계셨던 분이기도 했다. 두 분 다 나름대로 충분히 대접받고 사셨음에도 조금도 그런 내색하지 않으셨고 오히려 최고의 겸손으로 대해주셨고 또한 정성으로 대해주셔서 정말 내가 만난 그 어떤 분보다 좋은 분이셨다. 그러다 보니 나도 자연스럽게 최선을 다해 일하게 되었다.

기본 계획안을 완성하고 부부를 만나 설명해 드리고 의견을 나눈 후 진행하기로 계약을 하고 돌아왔다. 이어 본격적인 작업을 진행하면서 건축허가 전 심의를 받아야 하는 지역이라 심의를 접수하고는 그만 일이 터졌다. 그 지역은 특수한 곳으로 지정되어 그에 따른 규정들이 별도로 있는데, 제출한 도면이 규정에 맞지 않는다고 퇴짜를 맞은 것이다.

바로 그 땅에 불과 얼마 전에 이미 설계를 한 번 했었고, 또 옆집도 1년 전에 설계해 본 터라 머릿속에 있는 규정들과 슬쩍 훑어본 수정된 규정들까지 적용해서 설계했던 건데 꼼꼼히 들여다보지 않은 것이다.

아뿔싸, 계약까지 완료하고 한참이나 진행되어버렸는데 이를 어쩌나, 이 망신은 어쩌나… 소심한 내 머리가 복잡했다. 그냥 포기해야 하나? 설계비를 확 내려 용서를 구해야 하나? 창피한데 어떻게 만나 설명하지? 그런 쓸데없는 생각까지 곁들여 며칠을 끙끙거리다 안 되겠다 싶어 새로운 대안 2개를 만들어 그분들을 찾아갔다. 상황을 말씀드리고 또 정말 죄송하다고 사과를 드린 후 대안을 설명해 드렸다.

그런데 그분들의 반응은 정말 내 생각을 완전히 벗어났다. 실망이나 짜증은커녕 오히려 진심으로 나를 걱정하는 거였다. 얼마나 당황하셨냐고, 얼마나 속상하냐고. 아무 걱정 하지 말고 우리는 선생님을 믿으니 계속해 달라고…

'아니 이분들 뭐지??'
나로서는 정말 따라가기 힘든 높은 인격의 소유자들이시구나. 감탄할 수밖에 없었다. 내겐 정말 행운이었다.

이렇게 작업이 다시 시작되어 그 이후 더는 실수 없이 일은 잘 진행되었고, 두 분도 끝까지 나를 믿어주시고 지지해주셨다. 공사가 마무리되고 얼마 후 나를 초대해주셔서 맛난 선물을 잔뜩 주시며 이젠 식구처럼 친하게 지내자고 하셨다. 원래는 현재 살고 계신 도시에서 벗어나 어쩌다 한 번씩 와서 지내려고 지은 집인데 지금은 너무 좋아서 거의 이곳에서만 머무신다며 좋아해 주셨다.

그리고 남편분께서 말씀하시길, 실은 주변에 집을 짓는다고 했더니 집 짓는 과정에는 항상 공사하는 분들과 다툼이 자주 있어서 집 짓는 일이 아주 힘들다고, 어지간하면 짓지 말고 지어진 집을 사라며 집 짓는 걸 극구 말리던 친구도 있어 내심 속으로 많이 걱정했는데, 정말 인상 쓸 일 한번 없이 너무 기분 좋게 잘 지었다고 하시며 말리던 그 친구분에게 자랑까지 하셨단다.

그러고 며칠 후 우연히 어느 TV 예능 프로그램에 옆집 교수님

댁이 나오면서 이 집도 자연스럽게 방송에 출연(?)하게 되었다. 옆집 교수님이 방영되는 장면을 동영상으로 찍어 내게 보내주셔서 나도 그분들께 전달했더니 '짓자마자 바로 방송을 탔다'며 좋아하셨다.

나중에는 그분들도 드론 촬영을 취미로 한다는 친구분에게 부탁해서 그 집을 아주 잘 찍어서 유튜브에 올리고 내게도 보내주시기도 했다.

이 일에서 나는 정말 좋은 건축주를 만났다. 아무 거리낌 없이 이런 분들을 소개해준 교수님에게 정말 감사했다.

나는 참 행운아였다. 적어도 그분들을 만난 것만큼은 누가 뭐래도 참 기분 좋은 행운이었다.

목사님은 역시 목사님

얼마 전 알고 지내던 목사님 한 분이 은퇴하셨다. 그분은 강원도 산골에서 아주 작고 오래된 교회를 이십 년 넘게 지켜 오셨던 분이다. 지역주민들 대부분이 노인인 관계로 늘 그분들을 차에 모시고 교회로 집으로 병원으로 오가며 생활을 늘 함께하시며 정성과 사랑으로 섬기시던 분이다. 열악한 교회 재정에도 불구하고 교회를 위해 작은 금액이라도 늘 저축하셨고 본인의 생활은 극히 최소한으로 축소하고 그나마도 동생이 책임지다시피 하여 생활해 오신 분이셨다.

한번은 그 동생의 부탁으로 낡고 추워서 겨울에는 사용이 어려운 화장실을 아는 시공업자에게 부탁해 고쳐준 적이 있었다. 하지만 워낙 여러 부분에서 문제가 많아 고친 후 조금 더 사용하다 연결된 다른 부분에서 또 문제가 발생해 더 사용을 못 하고 말았다. 수리할 비용이 없어서였다. 어쩔 수 없이 다시 겨울에도 옥외에 있는 화장실을 계속 이용할 수밖에 없었고 은퇴하실 때까지 어려움을 겪으셨다.

그렇게 이십여 년간 교인들을 섬기시다 올해 드디어 은퇴하시게 되었는데 온 세상은 코로나 사태로 인해 작은 모임도 어려워졌고, 엎친 데 덮친 격으로 목사님의 연로하신 어머님께서 갑자기 위중하게 되셔서 급히 보살피러 가야 하는 상황이 되고 말았다. 그러니 창고에 가득한 재임 당시 쓰시던 온갖 물건들과 아까워 버리지 못한 것들을 혹시 후임자에게 짐이 될까 봐 살펴보지도 못하고 차로 실어 버려야만 했었다. 그리고는 단 하루도 쉬지 못한 채 바로 동생과 함께 병원에서 교대하며 어머니를 보살피던 중 동생의 부탁으로 나와 점심 식사를 함께하게 되었다.

나 또한 올해 힘들게 하루하루를 보내는 중이라 잘못하면 목사님께 오히려 마음의 짐만 더 할 것 같아 찜찜했지만 일단 만나러 나갔다. 목사님 계신 병원 주변은 내가 잘 아는 곳이 없어서 차로 모시고 우리 사무실 동네로 와서 괜찮겠다고 생각한 식당으로 모시고 갔다. 목사님과 이런저런 얘기를 나누던 중에 목사님의 미래 계획을 여쭤보았다. 목사님은 선교센터 같은 것을 하고 싶어 하셨다. 아니면 사회복지 공동마을 같은 것에도 관심이 있으셨다. 목사님은 동생의 권유로 뒤늦게 사회복지 공부를 추가로 하셨고 공부를 마친 후에는 지방대학에서 강의도 좀 하셨다.

하지만 목사님이 생각하시는 그 모든 건 자금이 많이 필요한 일이었고 목사님은 전혀 그런 준비가 되지 않은 상태였다. 그저 꿈을 꾸는 단계였다. 하지만 하나님 뜻이 있으시면 이루는 데는 전혀 문제 될 게 없다고 기도 중이시라고 극히 목회자답

게 말씀해 주셨다. 혹시 은퇴 후 맘에 힘든 생각이 있으시면 말씀하시라고 넌지시 꺼낸 얘기에 전혀 흔들림 없는 신앙으로 본인의 말씀을 하시는 것이었다. 그러면서 요즘 온통 모두가 어려운 상황이라고 하시며 되레 내 걱정을 하시는 거였다.

실은 나도 올해 들어 좀 어려움을 겪는 중이라 많이 답답하다고 말씀드렸다. 그러면서 또 곁들여 내가 앞으로 남은 날 동안 하고 싶고 또 해야 한다고 느끼는 사명 같은 것도 함께 말씀드렸다. 목사님은 내 얘기를 들으시고는 이럴 때가 바로 기도할 때이고 내가 아무것도 할 수 없을 때가 비로소 하나님께서 일하실 때라고 하시며 열심히 하나님을 찾아야 한다고 하셨다. 그러시며 하나님은 준비된 자를 사용하시기 위해 오래 참으시는 분이시라고도 하셨다.

나는 도대체 하나님을 언제까지 어떻게 찾아야 하는지 또 과연 찾아지는 건지 실은 정말 모르겠다고 평소 생각하던 내 솔직한 마음을 내놓았다. 그랬더니 목사님 대답이 정말 명대답이었다. 보통 사람들이 병이 들면 약을 찾고, 또 병원을 찾고 안 되면 좋다는 민간요법까지 해가며 운동도 하고 먹는 것 조절하고 온갖 방법을 다하지 않느냐는 것이다. 그런데 우리가 하나님을 찾을 때도 과연 그렇게 찾느냐는 것이다.

진정으로 하나님을 만나기를 원한다면 찾는 방법도 그처럼 최선을 다해 찾아야 한다는 것이다. 걱정으로 잠이 안 오면 잠자려 애쓰지 말고 기도하고, 새벽이고 낮이고 밤이고 추우나 더우나 항상, 때로는 울부짖으며 만날 때까지 끝까지 기도해야 한다는 것이다. 바로 그렇게 찾으라고 성경에 말씀했다고 하셨다.

비록 비과학적이고 비 산술적이고 또 추상적이어도 바로 그렇게 만날 때까지 끊임없이 찾고 또 찾아야 한다는 말씀이 내 가슴에도 탁 부딪혀 왔다. 어쩌면 정말 너무너무 명쾌했다.

목사님 힘드실 것 같아 목사님 얘기 들으면서 식사라도 대접하겠다는 자리가 목사님 어려운 얘기는 없고 내 푸념을 내뱉는 자리로 바뀌어 버렸다. 얘기하다 보니 어느새 내 얘기를 하게 되었고 목사님께서는 또 귀담아들어 주시며 신앙적 해결방안까지 이어가시는 그 모습은 몸에 밴 사랑과 훌륭함이 절로 묻어나는 것 같았다. 목사님은 역시 목사님이다.

특별한 인연의 직원

지난 30여 년 사무실을 운영하는 동안 나와 함께 일했던 직원이 몇십 명은 되는 것 같다. 컴퓨터 작업이 안 되던 초창기에는 일을 위해 인원이 많이 필요했지만, 컴퓨터 작업이 보편화되면서 상대적으로 필요 인원은 줄어왔고, 그러면서 달라진 점 하나는 설계하는 사람 중 여성의 비율이 점점 높아졌다. 학교의 건축과 학생 남녀 비율도 그런 것 같다.

세월 따라 우리 사무실도 그와 비슷하게 변했고, 사무실을 분당으로 이전하면서는 2명의 여직원만 남게 되었다. 그중 한 명은 내가 잠깐 강의했던 학교 졸업생으로 졸업 후 우리 사무실로 꼭 오겠다고 하여 취업했던 친구였다. 사무실 막내로 들어왔으니 정리정돈부터 손님 커피 대접까지 당시 잡일은 모두 도맡아 했다. 하지만 성격이 대찬 구석이 있어서 정리정돈에 선배들을 동원시키기도 했다.

한번은 손님이 오셔서 커피를 부탁했더니 갖다주고는 손님이 가신 후 정색하며 자기는 설계하러 취업했지, 커피 타러 온 게 아니라며 이제부터는 커피 심부름은 안 하겠다고 선언했다. 당시 사회 분위기도 그런 흐름이 시작되는 중이었고 틀린 말도 아니라서 그날 이후 나는 커피 머신 한 대를 내 방에 두고 다시는 커피 심부름을 시키지 않았다.

그리고 몇 년이 지난 후 그 친구는 다른 사무실로 옮겨갔고 그곳에서 몇 년 더 근무하더니 설계를 그만두고 다른 일을 한다고 소식을 알려왔다. 마침 그때 우리 사무실 직원을 찾던 때라 그 친구에게 다시 같이 일하면 어떻겠냐고 했더니 흔쾌히 와주었다. 두 번째로 함께 근무하게 된 출근 첫날, 사무실에 오자마자 기존에 근무하던 직원들을 향해 도대체 정리정돈이 이게 뭐냐고 잔소리를 시작하더니 온 사무실을 뒤집어 새로 정리를 시작했다. 그렇게 2, 3일간 정리정돈을 한 후 좀 맘에 들었는지 드디어 일을 시작했다.

그 정도로 정리정돈이 안 되면 일을 못 하는 친구였다. 지금도 그 친구가 해놓았던 자료들을 보면 그 누구보다도 아주 잘 정리되어있다. 또한, 책임감도 뛰어나 일 처리를 위해서는 언제나 누구에게도 달려가서 처리하곤 했다. 내겐 무척 든든한 직원이었다.

하지만 그 친구는 꿈이 건축가가 아니라 좋은 주부가 되는 거라고 늘 말했다. 아내가 거래 관계로 알게 된 고객 중 총각이 한 사람 있어 그 친구에게 소개해주었다. 소개는 했지만 내심 두 사람이 과연 잘 될까 싶은 여러 가지가 맘에 걸렸다. 그런데 웬걸, 예상과는 전혀 다르게 만나자마자 둘이서 하루가 멀다고 만나더니 채 1년도 안 되어 결혼까지 한다고 해 소개한 내가 오히려 너무 서두르지 말고 좀 더 만나보고 하라고 말렸다. 참 인연은 모르는 것 같다. 그 친구는 그렇게 만난 지 1년도 안 되어 결혼하며 내 곁을 떠났다. 다행히 결혼하고도 멀지 않은 곳에 살아서 매년 한 번씩은 찾아온다. 최근에 만났을 때는 이제는 아이도 컸으니 다시 일해보고 싶다고 했다. 그 말에 나도 그 직원과 다시 일할 기회가 있으면 좋을 텐데 생각했다.

결혼하며 직원이 떠난 몇 년 뒤 새 직원을 채용해야 하는 상황이 되었다. 한데 채용이 쉽지 않았다. 여기저기 지원자는 많았지만, 사무실 위치 문제 등으로 인해 적절한 사람을 찾지 못하던 중에 한 여직원 면접을 보게 되었다. 그 직원은 다른 무엇보다도 출퇴근 조건이 아주 좋았다. 집이 걸어서 다닐 만큼 사무실에서 가까웠기 때문이다.

당시는 나 혼자만 일하던 상황이라 근무는 나랑 둘이서만 해야 했고 힘든 한고비를 막 넘었던 때라 과연 얼마나 동안이나 같이 근무할 수 있을지도 자신이 없을 때였다. 또 그 직원은 건축과를 졸업했지만, 건축을 직업으로 삼겠다는 마음을 정하지 못해 다른 일을 하면서 지내다 고민 끝에 다시 돌아와 새롭게 막 건축을 시작하던 친구였다.

다행히 염려했던 혼자 근무하는 것은 상관없다고 했고, 이런저런 조건들이 서로 잘 맞는 것 같아 바로 근무를 시작하게 되었다. 예전 그 친구처럼 활달한 면은 없지만 성실하고 진득한 모습이 좋았다. 하지만 세상에 원망스럽게도 2년이 채 못 되어 또다시 사무실이 어려워져 그 직원과도 더는 같이 근무할 수 없게 되고 말았다.

그로부터 3개월이 채 되지 않았을 때 새로운 큰일 하나를 계약하게 되었다. 다시 발판이 될 수 있는 일인 것 같아 그 직원에게 급히 연락했다. 그런데 도무지 연결되지 않았다. 전화도 문자도 메일도 연결이 되지 않았다. 한 달이 지나 더는 기다릴 수가 없어 급히 새 직원을 채용했다.

새로 채용한 직원은 나를 힘들게 했다. 도무지 일에는 관심이 없고, 늘 지각하면서 핑계는 또 구구절절이고. 여러 명 있는 직원 중 한 명이라면 조금은 더 두고 보겠지만 딱 한 명밖에 없는 우리 사무실 사정으로는 도저히 안 될 것 같아 1년만 채우고 내보내야겠다고 마음먹었다. 그리고 1년을 채우기 한 달 전쯤 행여 하는 마음으로 소식이 끊어진 그 직원에게 다시 연락을 취했다. 천만다행으로 연결되었다. 근 1년 만에 연결이 된 것이었다. 나는 거두절미하고 사정을 설명한 후 나랑 다시 일할 수 없겠냐고 물었다. 참 인연이란 묘했다.

그 직원도 나와 헤어진 후 많이 상심해서 몇 달 동안 소위 잠수를 타다 다시 정신을 가다듬고 강남에 있는 어느 설계사무소로 취업을 했는데 막상 나가보니 도무지 계속 일할 곳이 못 되는 것 같아 그렇지 않아도 곧 그만두려 했다는 것이다. 아이쿠, 아주 잘 됐다 꼭 같이 일하자 약속하면서 우리는 그렇게 재회하게 되었다.

그러고 세월이 흘러 그때부터 지금까지 어언 8년이 넘었다. 그전에 같이 있던 시간까지 합하면 꼬박 10년이 넘은 것이다. 지금까지의 그 누구보다도 가장 오래 함께 일한 사람이 되었다. 붙임성이 좋은 친구는 아니라서 늘 표현은 데면데면하지만, 속으로는 어느덧 가족처럼 생각하며 지내고 있다. 이제는 척하면 대충 다 알 정도로 한마음처럼 일해 주며 또 한편으로 늙어가며 생기는 내 부족한 부분을 잘 채워주고 있어서 참 좋다.

한 가지 바램은 그 친구 시집을 좀 보냈으면 좋겠는데 그 전처럼 소개할 만한 사람이 '짠' 하고 나타나질 않는다. 제발 좀 나타났으면. 그리고 한편으로 다시는 힘들어져 직원을 내보는 일이 없기를 간절히 바라고 또 바란다. 실은 요즘 힘들지만 좀 더 참고 견디고 있다. 전처럼 그런 우를 범하지 않기 위해서….

6 우연인지 필연인지

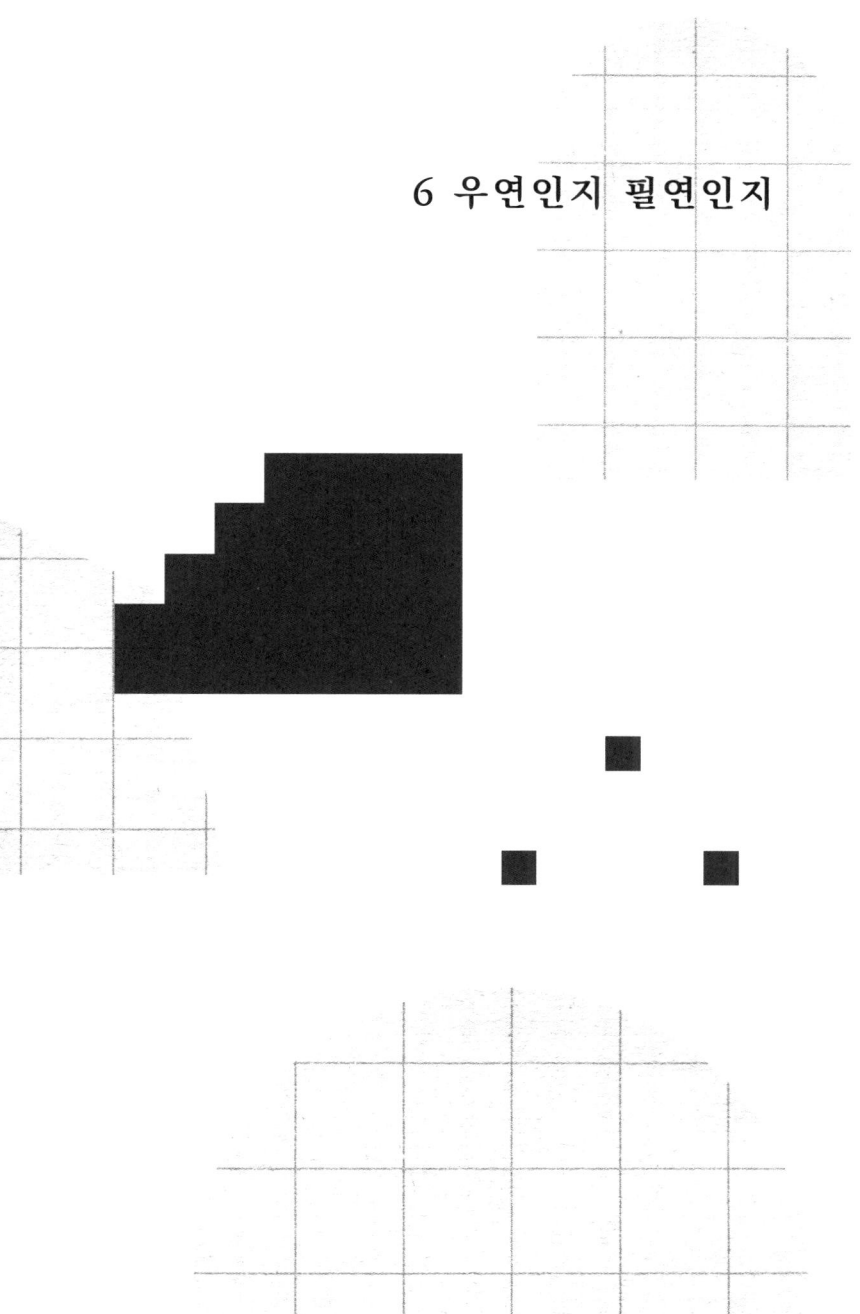

나쁜 집터?

1990년대 초 새로운 건축 비즈니스 모델의 부푼 꿈을 안고 나를 비롯해 10여 명의 사람이 살 전원주택 터를 보러 다녔다. 서울로 출퇴근할 수 있는 지역으로 이곳저곳을 두루 살펴 한 곳을 정해 땅을 샀고 이내 터를 닦고 집들을 짓기 시작했다. 국내에서 처음 시도되는 미국식 목조 전원주택단지였다.

단지의 구성원은 우선 땅을 소개한 부동산을 하시는 분과 나, 그리고 앞으로 팀으로 함께할 시공자 한 분, 그리고 나와 동업하는 선배의 부모님, 이렇게 4채를 우선 짓기 시작했다. 지금 같으면 기본 자재인 나무만 사다가 현장에서 제작해 세워나가면 되겠지만 그때는 목조주택에 대해 너무 몰랐기 때문에 뼈대인 나무 벽 틀을 미국공장에서 제작해 수입하고 국내에서는 벽 틀끼리 조립만 하는 방법으로 공사를 했다. 그래서 예상했던 것보다 훨씬 비싼 가격에 집을 지을 수밖에 없었고 그마저도 방법이 서툴러 미국에서 사 온 도면과 비디오테이프를 교재로 공부해가면서 집을 지었다.

그렇게 4채를 먼저 짓고, 한두 해 지나 우리 사무실 직원으로 있던 2명, 그리고 수장공사 일을 하던 한 분까지 함께 참여하면서 3채를 더 짓게 되었다. 그때는 이미 한번 경험한 이후라 그야말로 기본 자재인 목재만 사 와서 현장에서 직접 시공하는, 제대로 된 방법으로 집을 지었다. 그렇게 지어진 집들이 단지의 형태를 갖추게 되자 아는 후배가 와서 보고는 어느 패션 잡지 촬영장소로 소개했고, 그걸 계기로 해서 나중에는 언론사에까지 알려지게 되었다.

TV 공중파 방송사 3곳 중 한 곳에서 저녁 메인뉴스 시간에 소개되었고, 또 다른 한 곳에서는 당시 아주 인기 있던 시사 프로그램에 소개되었다. 그렇게 단지가 유명해지자 주말이면 구경하려는 사람들이 몰려왔는데, 단지에는 담장이 없어 아무 집이나 마당이나 마구 들어와 들여다보는 바람에 우리는 마치 동물원 속 동물처럼 지내기도 했다. 그리고 공중파 중 남은 한 방송국에서는 우리 아내를 주인공으로 서울 강남에서 전원주택으로 이사해서 사는 우리 가족을 다룬 특집프로그램을 만들었다. 아내는 생전 처음 출연료도 받아보고 세트장 촬영료도 받아보았다.

그렇게 유명세를 치르는 동안 아무도 모르게 불행의 그림자가 조금씩 동네를 덮기 시작했다.

제일 먼저 일어난 일이 나와 함께 동업하던 선배 사이의 일이었다. 우리는 집을 같이 지으며 새로운 비즈니스 모델을 만들었지만, 기대만큼 일로 연결되는 경우가 많지 않았고 사무실 사정도 나아지지 않아 운영을 두고 견해차가 심해지면서 그만 갈라서게 되었다. 그러면서 자연스럽게 같은 이웃으로 자주 왕래하던 그 선배의 부모님과도 매우 서먹한 관계가 되어 서로 봐도 못 본 척 지나는 사이가 되어버렸다.

그리고 얼마 후 바로 앞집에 부동산업을 하던 이는 집을 팔고 뉴질랜드에 이민을 떠났고, 그 집에 새로 이사 들어온 부부는 동네 사람들과 잘 지내려고 동네 파티도 해가면서 잘 지냈으나 한 해쯤 살다가 이혼을 해버렸고, 또 그 부인의 사업이 어려워지면서 그 집값 잔금을 주지 못해 결국 나가게 되면서 그 집은 빈집이 되어버렸다. 이어서 찾아온 세 번째 불행은 옆집에 살던 시공자였던 분이 부도에 직면하고는 어느 날 조용히 미국으로 야반도주하는 것으로 다가왔다.

더 엄청난 일은 일곱 집 중 마지막으로 합류했던 수장공사 사장님이 새벽 일찍 일하러 서울 쪽으로 가다 고속도로에서 깜박 졸음운전을 하는 바람에 차가 길 밖으로 굴러 세상을 뜨고 만 것이다. 나 또한 사무실이 어려워지며 호주로 조기유학을 갔던 식구들이 3년을 못 채우고 돌아오게 되어 그 집을 대충 팔고 떠날 수밖에 없었다.

불행은 거기서 끝나지 않았다. 수장공사 사장님 집을 산 새로운 가족이 입주한 지 얼마 지나지 않아 불이 나서 집주인 남자

분이 사망하는 어이없는 일이 일어났다. 그야말로 온 동네에 저주가 들린 듯 불행의 나락으로 떨어진 것이다. 일곱 집 중에 네 집이 심한 타격을 입고 한 집에서 가장이 연이어 세상을 뜨는 일이 생겼다.

한번은 스스로 귀신을 잘 쫓아낸다는 몇몇 주변 사람들이 우리 집으로 단체로 와서 촛불을 켜고 물을 떠 놓고 기도를 해주기도 했고 말도 안 되는 점집 할머니 말에 넘어가 없는 살림에 굿을 하기도 했었다.

지금 생각하면 정말 어이없는 일이었다. 물론 지금도 그 상황은 여전히 이해가 가지는 않는다. 어떻게 그렇게 여러 집들이 줄줄이 어려움을 겪게 된 건지 도무지 알 수가 없다. 정말 집터가 안 좋은가? 하는 생각이 들기도 한다. 옛말에 호사다마라 했던가, 좋은 일에는 불행도 꼭 같이 따르는 것인가 보다.

하지만 아무리 생각해도 이런 불행은 정말 싫다.

사기꾼의 설계의뢰

1999년 어느 날 누군가로부터 한 사람을 소개받아 설계에 관해 상담하러 그의 사무실로 찾아갔다. 그는 양재동 어느 한가한 동네의 5층 정도 되는 건물 마지막 층 전체를 다 쓰는 회사의 대표였다. 건물에 들어서면서부터 이상한 기분이 들었다. 1층 경비실에서 어떻게 왔느냐 묻기에 용건을 이야기했더니 어딘지 마뜩잖은 눈빛을 보내는 것이었다. 맘에 안 드는 회사에 찾아온 외부인에 의심을 가득 품은 눈빛같이 느껴졌다. 그런 시선이 뒤통수에 꽂히는 듯한 느낌을 받으며 마지막 층으로 엘리베이터를 타고 올라갔다.

회사 문을 열고 들어가니 안내데스크를 겸한 자리에 여직원 한 분이 앉아있었다. 여직원 뒤로 대형 단지개발모형이 있었고 그 옆으로 방이 하나 있었는데, 여직원은 나를 그곳으로 안내했다. 여직원 외에는 직원으로 보이는 사람이 한 명도 없어 사무실은 무척 썰렁한 분위기였다. 대표는 점잖은 모습에 나이도 좀 있어 보이는 기품있는 인상이었다. 인사를 나누고 그는 회사 상황을 설명해 주었다. 얼마 전까지 제법 큰일을 하고 있었는데 사정이 여의치 않아 정리했고, 다시 일을 준비하고 있어 직원도 조만간 채용할 거라고 했다.

자기소개도 덧붙였다. 본인은 육군 준장 출신으로 과거 정보부에서 근무했다가 정치적인 사정으로 정보부를 그만두고 미국에 유학을 다녀와서 지금은 대학강의를 하고 가끔 정보부 강의도 한다면서 증명서 같은 걸 슬쩍 보여주었다. 어렵게 지내는 군 후배들이 자기를 찾아오는 경우가 많은데 찾아온 후배를 그냥 보낼 수 없어 손에 잡히는 대로 준다면서 당시 드물게 쓰던 5,000원권 지폐 한 다발을 서랍에서 꺼내 보여주기도 했다. 참 특이한 사람이었다.

그 후로 우리는 일을 상의하기 위해 여러 번 만나게 되었다. 어느 날은 군 장성 모임에 다녀왔다고 하고, 어느 날은 지갑에서 약속어음을 한 묶음 보여주며 자기에게 해결해달라며 주변 사람들이 맡겨두었다고 하기도 했다. 한번은 약속 시간에 맞춰 갔더니 먼저 온 사람을 만나고 있어 기다렸던 적이 있는데, 본인이 해결하지 못하던 일을 당신이 해결해줘서 고맙다고 자동차를 선물하고 갔다며 지하 주차장에서 최고급 국산 차를 자랑한 적도 있다.

그런 사람이 내게 의뢰한 일은 그동안 보여준 모습과 달리 아주 작은 일이었다. 본인이 잘 알고 지내는 사람 중에 국내 가톨릭 신자의 대표 격으로 활동하면서 봉사도 많이 하고 사업도 크게 하는 분이 있는데, 그분께서 강원도 산골에 신부님과 수녀님의 휴식처 겸 본인도 가끔 사용할 수 있는 작은 별장을 하나 짓고 싶다고 해 그걸 목조주택으로 설계해달라는 것이었다. 나는 그와 함께 건축주를 만나 이야기를 나눈 다음 설계를 진행하여 다 마치고 시공자를 소개해주었다.

그다음에 어딘가 찜찜했던 마음이 현실로 나타났다. 그가 건축주에게서 설계비를 받아 나에게 주면서 본인의 소개비를 제한 것이다. 작은 주택 설계비가 얼마나 된다고 거기에서 자기 몫을 제하다니 어이가 없었지만 어떻게 하겠는가, 그냥 양보하고 끝낼 수밖에.

그렇게 모든 공사가 다 마무리되고 얼마 안 되어서였다. 어느 날 TV에 그 사람 얼굴이 나왔다. 깜짝 놀라 자세히 보니 당시 인기 있던 범죄자를 공개 수배하는 프로그램에 주인공으로 나오는 것이 아닌가. '이럴 수가?'하며 내용을 지켜보니 신분을 위장하고 골치 아픈 일을 겪는 사람들, 특히 경제적으로 형편이 좀 나은 사람들에게 일을 해결해 주겠다고 접근해서 돈을 뜯어내는 전형적인 사기꾼이었다. 피해자도 상당히 많았고 사기당한 액수도 대단한 금액이었다. 오죽하면 TV 프로그램에서 그 사람을 잡겠다고 하겠냐 싶었다.

나는 가진 게 별로 없어서 대상이 안 되었고 겨우 설계비 일부를 뜯긴 것 외에는 피해가 없어 그나마 다행이었다. 다음날 건축주와 통화를 했다. 그분 역시 방송을 보고 깜짝 놀랐다며 그 사람과 제법 오랫동안 알고 지내는 동안 정체는 까마득히 몰랐고, 사실 공사비 일부를 중간에서 가로챘는데 그리 큰돈은 아니어서 눈감아줬다고 했다. 만나면서 조금은 이상하다고 생각했지만 긴 시간 참 감쪽같이 우리도 속인 것이다. 프로였다.

한편 그 사건을 볼 때 많은 사람이 자신에게 닥친 문제를 좀 더 쉽게, 빠르게 해결하려고 비정상적인 방법을 찾는 것 같다. 지금도 생각나는 건 그 지갑 속에 가지고 있던 어음 뭉치의 두께다. 정말 두터웠다. 그만큼 많은 사람의 어려움이었던 것이다. 그는 바로 그 점을 이용하는 그런 못된 사기꾼이었고…. 이후 그가 체포되었다는 소식은 듣지 못했지만, 그 정도 했으니 당연히 잡혔을 거라 생각한다. 근데 이상한 건 그 사람을 소개한 사람이 도대체 누구였는지 아직도 생각이 나지 않는다.

고향의 온천개발

IMF 이후 사무실 운영이 많이 힘들 때였다. 당시 내가 설계하던 일 하나를 건축주 대리인으로 총괄하시던 작은 중소기업의 J 사장님을 개인적으로 만나게 되었다. 그 후 진행하던 설계가 끝나고 나서 그분이 사실 주택 설계를 의뢰받게 되면서 서로 가까워져 친하게 지내게 되었다. 또 J사장님은 당시 내가 처한 어려움을 아시고 본인이 관리하던 건물에 아주 저렴한 비용으로, 그것도 외상으로 사무실을 사용할 수 있도록 큰 도움을 주시기도 했다.

항상 감사한 마음을 갖던 중에 J 사장님의 건강이 안 좋아지시면서 하시던 사업을 정리하고 휴양 겸 할 수 있는 다른 일을 찾게 되었다. 마침 고향 선배 한 분이 고향의 대표적인 관광지에 온천이 발견되었는데 그 일에 투자한 두 분 중 한 분이 온천 발견까지는 투자했지만, 건물을 짓는 등 본격적인 개발 비용은 없는 데다 본인이 운영하던 사업도 힘들게 되어 본인이 투자한 지분을 팔고 싶어 한다는 얘기를 듣게 되었다. 나는 혹시 관심이 있으면 검토해보시라고 J 사장님께 그 내용을 말씀드렸더니, 투자자들을 직접 한번 만나 보고 싶다고 하여 그 투자자들을 멀리까지 같이 가서 만나게 되었다. 서로 이런저런 얘기들을 나누고 확인하고는 별문제 없이 그 지분을 매입하기로 하였다. 이어 J 사장님께서 선투자를 하여 본격적으로 개발하기로 합의하였다.

그분은 워낙 성격이 꼼꼼하여 매사에 빈틈이 없으시고 사업성 분석 등도 아주 잘하시는 걸로 나는 알고 있었다. 그리고 여러 사업을 많이 운영해보셨기에 모든 걸 잘 판단하셔서 결정하셨으리라 생각했고, 나도 그분께 나름 좋은 도움이 되었다고 생각하며 조금 빚을 갚는 기분이었다. 이어서 사업 진행을 위해 제일 먼저 해야 하는 온천목욕탕 설계를 내가 하게 되었고 2, 3차 년도 계획도 의논하며 일은 의욕 있게 진행되었다.

동업하게 된 원 투자자도 내가 그곳이 고향인 데다 나름대로 내 주변의 상황들을 알아보시고는 내가 자본을 투자하지는 않았지만, 본인과 함께 할 능력 있는 동업자를 소개한 장본인이기도 하고 전체 일에 도움이 될 것 같다고 생각했는지 이 일에 한 분야를 담당하여 함께하는 데 흔쾌히 동의했다.

예상대로 그곳은 고향이라 친인척, 친구들의 도움도 있었고 나 또한 그 시골에서 아버지의 엄청난 교육열로 중학교 때부터 서울로 유학(?)을 떠나 성인이 되어 고향에 뭔가를 하러 온 상황처럼 인식되면서 나에게도 필요 없는 관심이 쏠렸다. 고향에 계셨던 부모님 또한 이 일이 잘되기를 함께 기대하고 계셨다. 그렇게 나름대로 주변의 기대도 있어 열심히 설계했고 – 나중에 광역단체 우수설계출품에 지역대표로 출품하기도 했다 - 이어서 J 사장님 주관으로 공사를 진행했다.

그런데 거의 공사완공이 되어가던 중에 두 동업자 사이에 작은 다툼이 시작되었다. 개관식을 언제, 어떻게 치르느냐는 사소한 문제를 두고 마찰이 생긴 것이다. J 사장님은 공사가 생각지 못한 여러 문제로 인해 예상보다 많이 지연되고 비용도 자꾸 추가되면서 현장 책임자를 바꾸는 등 많이 속상해하던 차에 동업자분은 그런 사정도 모른 채 왜 계속 늦어지는지 등으로 속상해하고 있던 것이다. 언제나 그렇듯 서로의 입장을 내세우다 상대의 자존심을 건드리게 되었고 그만 감정의 골이 깊어지기 시작했다.

이후 공사가 힘들게 완료되고 개업은 했지만 두 사람 간의 다툼은 오히려 더 심해지면서 끝내는 상대 쪽에서 소송을 걸어오고 말았다. 설상가상 J 사장님의 병이 급속히 깊어져 얼마 지나지 않아 그만 세상을 떠나고 말았다. 가장을 잃은 J 사장님 가족은 큰 낙망에 빠지게 되었지만 야속하게도 소송은 여전히 진행 중이었다. 나는 꼭 내가 이 일의 주범이 된 것 같아 허탈하고 너무 송구한 심정이었다.

결국 경험이 전혀 없는 J 사장님의 부인이 온천을 경영할 수밖에 없게 되면서 내게 도움을 요청했고 나는 당연히 도울 수밖에 없었다. 나 역시 생전 해보지 않은 경영을 얼떨결에 하게 된 것이다. 하지만 나는 주업이 있으니 그곳에서 상주하며 도울 수는 없었고 매주 금요일 밤 그곳으로 내려가 토요일 밤까지 지내면서 경영을 도왔다. 일주일 동안 일어난 일들을 그때 함께 상의하고 처리하는 것이다. 그러면서 한편으로는 계속 이어지는 소송도 함께 해야만 했다.

그렇게 1년 후에는 소송상대방의 부인이 갑자기 세상을 뜨는 일까지 생겼다. 정말 어이가 없었다. 세상에 이런 일도 다 있나 싶었다. 그러고도 여전히 소송은 진행 중이었고 또 1년이 흘렀다. 이번에는 우리 어머니께서 갑자기 돌아가셨다. 7개월 후에는 아버지까지… 이 일에 얽혀있는 모두에게 너무 큰 아픔들이 생겨버린 것이었다.

그렇게 어이없는 일 가운데 온천 운영마저 점점 어려워졌는데 다툼은 끝날 줄 몰랐다. 결국 은행으로부터 받은 대출을 제때 갚지 못해 사업장은 압류되었고 직원들을 모두 내보낼 수밖에 없었다. 여러 가지로 몸부림쳐봤지만 소용없었다. 결국 대법원까지 간 소송에서 동업자였던 상대를 이겼지만 남은 것이 없는 자그마치 9년 동안의 긴 터널이었다. 그사이 온천은 다른 사람에게 경매로 넘어갔고 투자자 두 사람 모두 빈털터리나 다름없이 물러나는 정말 최악의 상태로 막을 내리고 말았다.

이렇게 양보 없는 두 사람 간의 다툼은 모든 걸 앗아가는 결과로 이어졌고, 소송에서 승리란 없음을 여지없이 보여주었다. 만약 조금만 더 서로를 이해하고 받아주었다면, 서로 잘해보자는 초심은 같았을 테니 이렇게 허무하게 무너져버리고 심지어 목숨을 잃어가는 애통한 일까지는 없지 않았을까 다시 돌이켜본다. 또 그런 오해가 쌓일수록 직접 만나 얘기하면 해결점을 찾을 수도 있었을 것 같은데, 쌈 구경하기 좋아하고 험담만 즐기는 주변에만 귀가 열려있으니 일은 점점 꼬여갈 수밖에 없었던 것 같다. 어쩌다 지금도 여기저기 부서져 폐허처럼 남아있는 그곳을 지날 때면 온갖 생각과 함께 아주 많이 많이 안타까운 마음이 든다.

이 일로 인해, 아니 어쩌면 나 때문에 너무 일찍 세상을 떠난 J 사장님의 명복을 빌고 그 가족들, 부인과 아들, 그리고 아빠가 떠나던 날 병원 복도에서 대성통곡하며 몸부림쳤던 아직도 눈에 영화 장면처럼 선한 그의 딸, 그리고 이제는 더 늘어난 식구들인 그 딸과 아들의 아이들인 손자, 손녀들의 앞날에 축복을 기원해본다.

미안한 계약금, 아쉬운 계약금

드물지만 설계를 하다 보면 어쩔 수 없는 사정으로 끝까지 진행하지 못하고 중단되는 경우가 있다. 그럴 때면 일을 의뢰한 쪽이나 받은 쪽이나 답답한 마음뿐이다. 한번은 국내 굴지의 그룹계열사에서 새로운 사업으로 독일의 유명 자동차를 수입 판매하기 위해 회사를 설립하면서 서울에 지으려는 제1호 자동차정비센터의 설계를 의뢰받은 적이 있었다. 나와 서로 협력 관계에 있는 모 건설사의 소개로 이루어진 일이었다.

회사는 그저 그런 정비센터가 아니라 나름 차의 품격에 맞는 품위 있는 건물을 원했고 나 역시 즐거운 마음으로 나름대로 정성을 다해 계획안을 만들었다. 서울 시내 한복판에 자리 잡은 그룹빌딩에서 미팅하고 설계안 협의도 하며 마침내 설계계약을 진행하였다. 이어 본격적인 설계를 완성했고 심의를 거쳐 건축허가도 완료되었다.

당연히 설계비도 입금되었고 이어 공사를 하기 위해 시공사 선정을 하는 동안 그 회사는 나와 감리계약도 체결했다. 어차피 해야 하는 일이니 하고 조금 일찍 계약하게 된 것이다. 그러면서 감사하게도 바로 감리계약금도 입금해 주었다. 나는 큰 회사라 매너도 참 좋다고 생각했다. 그리고 이어서 공사준비를 하는 동안 덜컥 심각한 문제가 생겨버렸다. 다름 아닌 우리 세대의 가장 큰 사건인 그놈의 IMF 때문에 이 큰 회사에서도 구조조정을 해야만 하는 상황이 되어버렸고, 끝내는 준비하던 자동차 수입 사업 자체를 포기하기에 이르게 된 것이다.

그러니 정비센터 건축은커녕 샀던 부지마저 팔아야 하는 처지가 되었다. 답답했다. 하지만 어쩌겠는가. 흘러간 꿈일 수밖에. 그렇게 낙심해 있는 중에 담당하던 분이 전화를 해왔다. 내용인즉 감리비 계약금을 좀 돌려줄 수 없겠냐는 것이었다. 난감했다. 내 성격상으로는 당연히 돌려줘야 한다. 공사 시작도 못했으니 감리 일도 아직 한 게 없기 때문이다. 하지만 계약 때문에 받은 계약금이니 꼭 돌려줘야 하는 것도 아니었다. 그러니 그걸 다 아는 상대방은 내게 정중히 부탁하는 것이었다. 하지만 나는 마음으로는 돌려주고 싶어도 실제로는 내 사정이 돌려줄 형편이 안 되는 상태였다. 그러니 나는 있는 대로 사정을 얘기하고 돌려주지 못해 미안하다고 답을 했다. 다음 날이었다. 이번에는 그 상사인 회사 임원이 전화가 왔다. 얘기 들었다고 하면서 다는 아니라도 반이라도 좀 돌려달라고 사정을 했다. 건물이 아주 큰 건 아니었기에 금액 자체도 크지 않았고 거기에다 계약금이니 얼마나 되겠나… 하지만 그분들은 회사에 노력한 흔적이라도 보이고 싶었던 것 같았다. 나 또한 그런 노력에 조금이라도 호응을 해 주면 좋겠지만 내 코가 석 자니 그 돈이 남아있지를 않은 것이었다. 사정하는 그 임원에게 또다시 내가 되려 사정 얘기를 하고 결국은 그 임원도 포기하고 말았다.

나도 상대도 모두 미안한 마음으로 그렇게 마무리되고 만 일이었다.

또 한번은 서울 강남 압구정동에 자그마한 사옥을 가지고 있는, 대형건설사는 아니지만 내실 있어 보이는 어느 건설사로부터 경기도에 있는 회사소유의 땅에 약 100여 세대의 단독주택을 건축하는 설계를 의뢰받았다. 그 일은 내가 설계한 어느 목조주택단지가 성공적으로 분양되었던 일 후에 그 소문을 듣고 의뢰해온 것이었다.

사업부지 답사를 거쳐 여러 차례 미팅하며 협의한 결과 한 번에 20세대씩 완성하여 분양하는 방식으로 몇 차례에 걸쳐 진행하는 것으로 사업 방향을 결정하였다. 나는 상당한 시간을 투자하여 먼저 100세대 전체에 대한 기본 마스터 플랜을 세운 다음, 앞으로 필요한 자재 수급을 위해 미국에 있는 자재회사에 연락해 대표인 재미교포 사장이 국내로 들어와 회사와 함께 사업 진행을 논의하기까지 했다.

이후 1차 20세대의 건축허가를 위한 설계를 완료하고 허가신청 직전 그때까지 완료되지 않은 설계계약을 재촉하였는데 사장님 결재 중이라며 조금만 기다려 달라고 했다. 하지만 여러 스케줄 등으로 허가를 계속 미룰 수 없어 상의 아래 허가 접수를 먼저 하게 되었다. 하지만 이게 웬일인가… 접수를 하자마자 전혀 생각지도 못한 문제가 발생해 버렸다. 설계 시작 전에 서류상으로나 전화로 확인했을 때는 아무런 문제가 없었던 그 해당 부지가 막상 허가를 접수하고 나니 허가가 불가능하다는 것이었다. 이유는 그 땅이 비밀리에 진행되고 있는 신도시 개발 부지에 편입되어 있어 지금 허가가 불가능할 뿐만 아니라 또 예정대로 확정된다면 국가가 수용할 것이라고 했다. 아직 미확정 단계라 그 사실을 미리 확인해 줄 수가 없었다고 했다. 황당했다. 그리고 가슴이 답답해 왔다.

나는 크게 실망했지만, 마음을 접을 수밖에 없었다. 그리고는 도장은 아직 못 받았지만 이미 협의를 통해 작성된 계약서대로 계약금만 달라고 요청했다. 하지만 돌아온 답은 어이없게도 그럴 수 없다는 것이었다. 사장이 그렇게 못하겠다는 것이었다. 화가 났다. 따졌다. 하지만 소용없었다. 늘 그렇듯 어리석게 일만 생각하고 도장 안 찍고 먼저 진행한 내 잘못이었다. 결국 얼마 안 되는 계약금의 반밖에 못 받고 끝낼 수밖에 없었다. 이 일을 돈으로 따져보면 무려 100세대 전체의 마스터플랜을 마무리하고 그중 1차 20세대 설계의 60% 이상 진행했던 것을 겨우 20세대 설계비의 15%로 끝내야 하는 너무 속상한 결과로 끝나버린 것이다.

한편 그 건설사 입장에선 오랫동안 가지고 있던 땅이 약간 부담스러워지면서 주택사업을 통해 잘 처분하고자 했던 의도도 상당히 있었는데, 생각지도 않게 좋은 값에 정부에 넘겼으니 사업비 부담도 없이 저절로 좋은 돈벌이가 된 것이었다. 그런데도 내게는 그렇게 야박하게 군 것이었다. 지금도 가끔 야구 중계 화면 속 야구장에 걸린 광고용 대형 싸인 중에 그 회사 로고가 보인다. 여전히 회사는 잘 돌아간다는 뜻이다. 그 로고를 볼 때마다 내게는 그때 만났던 사장의 얼굴이 유쾌하지 않게 떠오른다.

이렇게 일한 것에 비해 과하게 받았던 계약금이 있는가 하면 일한 것에 비해 덜 받은 계약금이 있는 것처럼 정말 살다 보면 생각지도 못한 이런 일, 저런 일들이 생긴다. 이걸 두고 세상은 공평하다고 해야 하나? 별일 다 있다 해야 하나?

그래서 내 작은 소망 하나는 이렇다. "조금은 달관한 듯 세상을 살 순 없을까?"

쉽지는 않겠지만…

두 번의 유치원 설계

설계사무실을 운영한 지 약 4, 5년 됐을 때쯤 고향 선배 한 분의 소개로 유치원 설계를 하게 되었다. 용인시에 소재한 그 유치원은 지역에서는 가장 규모가 크고 잘 알려진 곳이기도 했다. 원장님은 여자분이셨고 남편은 서울 강남에 소재한 잘 알려진 큰 회사에서 디자인 관련 업무를 하시던 분이었다.

두 분 다 나와 비슷한 연령대의 젊은 분들이었다. 건축부지는 용인 시내 중심가에서 살짝 벗어난 위치로, 큰 도로변은 아니었지만 제법 널찍하게 자리 잡고 있었다. 나는 그분들과 얘기를 나누며 주변에 일반적인- 알록달록하고 요란한 -형태의 유치원 건물과 좀 다르게 디자인하고 싶다고 얘기했다. 기본적으로 단순한 디자인이지만 대지와 잘 순응하며 외부와의 연결이 원활하게 구성된 공간을 구성하였고 그러다 보니 경사진 부지를 따라 건물이 쭉 이어지는 'ㄱ'자 형태의 건물이 디자인되었다.

그리고 별동으로 강당과 실내수영장이 있는 건물 1동, 그렇게 2개 동의 건물이 계획되었고, 두 동 건물 사이에는 함께 이용할 수 있는 마당을 만들었다. 어른들이 알아서 그려준 알록달록한 그림 같은 건물이 아니라 빈 도화지 같은 건물에서 아이들이 다양한 그림을 꿈꾸게 하고 싶은 의도를 디자인에 담았다. 다행히 부부 두 분 다 신선하고 좋다며 내 계획안을 이해하시고 좋아해 주셔서 설계는 순조롭게 잘 진행되었고, 나 역시 기존의 일반적인 유치원의 형태를 벗어난 데서 스스로 만족했다.

설계가 마무리되고 공사할 회사를 추천해 달라고 하셔서 몇 번 같이 일을 해봤던 후배 회사를 추천하려 했지만, 그 회사가 부도로 막 넘어지고 난 후인지라 마땅한 회사가 없어서 수소문하던 중 그 부도난 회사의 임원으로 있던 후배 – 예전 우리 사무실 직원이었음 – 로부터 한 회사를 추천받았다. 그 회사 사장은 예전에 모 설계사무실에서 나와 같이 직원으로 근무했던 사람이었다. 후배에게 공사 전권을 주면서 소개한 회사와 계약을 하되, 현장소장을 내가 추천한 사람을 꼭 앉혀 달라는 조건 하나를 걸었다. 그 후배 주변에서 그 소장이 가장 일을 잘하고 누구보다 성실하니, 잘 모르는 회사와의 첫 거래지만 어느 정도 안심할 수 있겠다고 생각했기 때문이다.

그렇게 하겠다고 약속하고 계약한 그 후배는 웬일인지 실제로는 엉뚱한 사람을, 그것도 내가 아주 못 미더워하는, 그리고 몇 번이나 나를 애먹인 사람을 그 자리에 앉혀 놓았다. 나는 후배에게 절대 안 된다고 여러 차례에 걸쳐 화를 내며 교체를 요청했지만 무슨 이유인지 이 핑계 저 핑계로 시간을 끌다 끝내 바꾸지 않고 말았다. 결국, 염려했던 대로 공사 막판에 시간을 맞추지 못해 유치원에서도 개학하느니 못하느니 하며 애를 먹는 일까지 생기고 말았다. 마지막에는 원장이 화가나 소개한 나를 원망하며 내게 지급해야 할 감리비 잔금을 끝내 주지 않았다. 속상하고 억울했지만 소개한 죄가 있으니 나도 그만 포기하고 말았다. 그렇게 그 원장님과의 관계도 안 좋게 끝나 버렸고, 그 후배와도 다시는 말도 하지 않는 관계가 되어버렸다.

그렇게 몇 년이 흐른 후 어느 날 육군본부 본부교회라는 곳에서 전화가 왔다. 자기들이 교회 부속 유치원 건축을 준비 중인데 좀 만나고 싶다고 했다. 나는 충남에 있는 계룡대 육군본부 교회로 갔다. 도착해 설명을 들으니 그 교회는 새로 짓는 유치원을 잘 짓고 싶어 전국에 있는 유치원들을 조사하고 현지 확인까지 해본 후, 내가 설계한 유치원과 또 다른 2개의 유치원을 가장 좋은 유치원으로 선정했다고 했다. 그리고 그 설계자들을 찾아서 설계 경쟁을 통해 설계자를 선정하려고 하는데 나도 참가할 수 있겠냐는 것이었다.

나는 평소 남과의 경쟁을 전혀 즐기지 않아서 설계 경쟁에도 별로 뜻이 없는 사람이지만 그날따라 왜 그랬는지 할 수 있다고 쉽게 답을 하고 말았다. 그분들에게 요구조건을 듣고 부지를 천천히 둘러보고 사진도 충분히 찍어서 나는 사무실로 돌아왔다.

이번 유치원도 부지조건이 지난번 유치원 때와 비슷한 경우로, 평지가 아닌 경사지여서 기본개념 자체는 같이 할 수 있었다. 건물은 1개 동으로 앞마당보다는 뒷마당을 더 잘 이용할 수 있는 구조로 디자인을 했고, 대신 앞쪽에 군데군데 테라스를 조성하여 외부와의 소통이 원활하도록 계획했다. 특별한 꾸밈없이 기능적 형태 그대로를 드러내는 단순한 디자인 컨셉이었다. 계획안을 완료하고 약속된 날 발표를 위해 다시 본부교회로 향했다. 막상 도착해보니 우리 사무실팀만 자리하고 있었다. 조금 후 관계자인 소령 한 분이 오셔서 그간 진행된 사항을 알려주셨다. 처음 선정한 세 군데 사무실 중 한 곳은- 꽤 많이 알려진 건축가로 나보다는 선배 되시는 분이다- 처음부터 참가를 못 한다고 했고, 그리고 다른 한 곳-지역에서 설계하시는 분으로 교회 장로님 한 분이 적극적으로 추천하셨다고 한다-도 도중에 참가를 안 하겠다는 통보가 와서 결국 우리 사무실만 남게 되었다고 했다. 그러면서 위로인지는 모르겠지만, 방문 조사를 했을 때 우리가 설계했던 유치원이 차별성이 커서 내부적으로는 처음부터 우리 사무실이 했으면 좋겠다고 생각하고 있었다고 했다.

그렇게 혼자서 계획안을 설명하고 제출하고 괜찮은 기분으로 돌아왔다. 얼마 지난 후 그 담당하시던 소령께서 전화해서 우리로 최종 결정되었으니 본격적으로 진행하도록 계약을 하자면서 계약에 필요한 몇 가지 서류들을 알려주었다. 준비하라는 서류를 보니 한 가지가 바로 준비가 안 되는 서류였다. 아마 세금 완납증명서였던 것 같다. 그때까지 나는 국가나 국가기관 등의 단체들과 한 번도 설계해본 적이 없었는데 보통, 이 서류는 계약 시 요청하는 경우는 거의 없고 대금 수령 때 요청하는 서류였다.

계약 대상이 정부 기관이 아닌 교회이기도 해서 담당 소령께 사정 얘기를 하고 그 서류는 계약금을 받을 때 첨부하면 안 되겠냐고 물었다. 그분은 확인하고 연락을 주시겠다 하고 다음 날 전화가 왔다. 최종책임자이신 담당 장로님께 여쭤보았더니 꼭 준비해야 한다고, 서류가 하나라도 빠지면 계약을 못 한다고 하셨단다. 난 약간의 배신감과 더불어 일시적으로라도 누군가에게 신세 지며 그 서류를 만드는 것에 부담을 느꼈고, 언짢은 마음과 속상한 마음에 어리석게 그만 계약을 포기해 버렸다.

그렇게 계약이 불발된 것이 미안했던지 얼마 후 그 소령님으로부터 연락이 왔다. 실은 그 장로님이 별을 달고 예편하신 분이라 말은 못 했지만, 계속 본인이 추천한 지역에 있는 설계사무실에 일을 주고 싶어 하셨다고 했다. 그래서인지는 몰라도 그 서류도 꼭 필요한 서류는 아니었는데도 무조건 받아야 한다고 해서 어쩔 수 없었다고 했다. 나 역시도 열심히 애써서 계획안을 잘 만들어 인정까지 받았으니 조금만 신세 지고 처리하면 간단히 해결될 일을 그냥 관두듯 팽개친 게 나 자신도 매우 안타까웠지만, 또 한편으로는 건물설계의 중요성을 버린 채 사사로운 마음 가득한 그 장로님이 너무 얄미웠다. 그렇게 허무하게 무산되어버린 일이어도 가끔은 궁금해서 그 결과를 보고 싶어지기도 한다. 세월이 많이 흐른 뒤 나는 인터넷 지도를 통해 그곳을 다시 찾아보았다. 그런데 그 유치원 자리는 아직도 여전히 비어있었다. 아무리 찾아도 항공뷰에도 로드뷰에도 없다. 무슨 일인지 모르지만 아마 안 지어진 것 같다….

사라진 내 설계들

설계를 직업으로 시작한 후 온전히 내가 디자인한 첫 번째 건물은 아버지, 어머니께서 사시던 시골에 있는 건물이다.

때는 1986년이었다. 그 집은 이층집으로 계획되어 아래층은 아버님이 운영하시는 약국으로 만들었고, 위층은 두 분이 사시는 주택으로 만든 건물이었다. 어느 설계사무소 실장으로 있었던 나는 아직 건축사자격을 취득하기 전이어서 설계를 먼저 한 다음 대학 선배인 현지 건축사에게 가져가 검토를 받고 그분 이름으로 허가를 받았다.

이어 공사를 위해 주변에 소개를 받아 목수 한 분을 만났더니 시골이라 그런지 그분은 이렇게 자세히 설계된 건 처음이라며 미리 겁을 먹고는 공사비를 어처구니없게 요구하여서 그분과는 계약을 포기했고 다시 수소문한 끝에 다른 한 분을 만나 공사를 맡겼다.

당시 내가 근무하는 서울과 공사 현장인 경상도 끝에 있는 고향은 거리가 너무 멀어 공사를 점검하러 현장을 가는 일이 보통 일이 아니었다. 자가용도 없던 때라 나는 매주 토요일 밤 침대칸이 있는 기차를 타고 일요일 새벽에 시골에 도착하면 집으로 가서 어머니가 해주시는 아침을 먹고 현장에 가서 하루를 보내다 저녁때 다시 침대칸 열차를 타고 월요일 새벽에 서울에 도착, 새벽 버스를 타고 집으로 가서 아침을 먹고 바로 출근하기를 수개월 간 지속했다. 가끔 허가를 처리해주었던 설계사무소 선배님도 사시는 곳이 시골집 근처이고 아버지랑도 잘 알고 지내는 분이기도 해서 오며 가며 현장을 점검해 주셨다.

한편 공사비를 아끼고 시골에서 잘 구할 수 없는 자재들은 모두 한꺼번에 서울에서 구매해 큰 트럭으로 하나씩 가득 채워 운반해서 사용하기도 했다. 또 외벽 마감재는 경북에 있던 생산공장에서 직접 현장으로 운반시켜 받기도 했다. 여러 가지가 지금과는 많이 다른 시대였고 공사 디테일이나 재료 선정 등에서 시골에서 공사하는 것이 좀 어렵기는 했어도, 서울식을 배운다고 생각하며 책임자 목수가 잘 따라줘서 그런대로 잘 끝날 수 있었고 공사비도 처음 예상했던 것과 별 다름없이 마무리되었다.

완성된 건물은 주변 건물과 비교해 건물의 형태나 재료가 많이 다른 건물로 완성되면서 으레 지나는 사람마다 한마디씩 하고 가곤 했다. 아버지께서도 흐뭇해하시며 그 집 이름을 '66헌'이라 지으시고 – 아버지 연세 66세에 지었다고 하여 – 공사가 완료되던 날 현관문 처마 아래에 직접 쓰신 글씨로 나무 현판을 만들어 붙이셨다.

그리고 그간 설계하고 매주 왔다 갔다 하며 수고 많았다고 하시면서 당시로는 제법 큰 돈을 내게 주셨다. 실은 그 집을 짓게 된 이유가 집 앞 도로가 확장되면서 앞뒤로 단층집 두 집이 있던 것 중에 앞 가게 쪽이 헐리게 되어 두 집을 모두 헐고 합쳐서 이층집으로 짓게 된 것인데 그때 도로로 내준 땅의 보상받은 돈을 내게 주셨던 것이다.

그렇게 처음 설계한 집이 부모님 댁이었고, 두 번째 설계한 집은 1987년 건축사 면허를 취득하고 1988년에 사무실을 시작하면서 설계하게 된 내 집이었다. 큰 누님께서 40대 나이에 너무 일찍 세상을 뜨셨는데 남은 가족으로 어린 조카 둘이 있었고, 매형은 부모 형제가 없는 분이라 어린 조카들을 보살필 사람이 우리밖에 없었다. 그래서 상의 끝에 각자 살던 아파트를 모두 팔고 막 개발이 시작되던 강남 끝자리에 정말 조그만 땅 하나를 사서 거기다 두 가정이 함께 살 집을 짓기로 한 것이 나의 두 번째 설계가 된 것이었다.

그리고 건축사 자격증을 따고 맡은 첫 번째 설계이기도 했다. 그런 의미가 있기도 하고 한편으론 의욕도 넘치던 때라 나름 과감하기도 했고, 또 아무도 간섭하는 사람이 없으니 내가 하고 싶은 대로 설계를 했다. 기본 구조재도 처음 써보는 자재를 골랐고, 평면구성도 새롭게 접근하며 설계를 했다.

하지만 섣부르게 선택한 그 자재 때문에 후에 곤혹스럽게 외부 단열 및 마감공사를 전부 다시 하는 일도 생겼다. 그때 사용했던 외부 단열자재는 지금은 널리 쓰이지만, 당시에는 거의 처음 쓰다시피 했던 새로운 자재였다. 열정을 발휘해 설계한 집은 내가 봐도 다른 집에 비해 새로웠다. 덕분에 건축잡지를 비롯해 여성잡지를 통해 몇 차례 소개되기도 했다. 이후 처음 잘못 사용해 애를 먹였던 구조재 회사에서 본인들 자재를 선전하려고 '건축사가 자기 집을 지으며 직접 선택한 자재'라고 선전하며 우리 집을 소개하며 사람들을 구경 보내겠다고 문의해서 만류한 적도 있다.

두 번째 설계를 한 지 20여 년이 흐른 어느 날 주변을 지나다 문득 그 집이 보고 싶어 차를 돌렸다. 두근거리는 마음으로 도착해보니 그 건물이 보이지 않았다. 내가 골목을 잘못 들었나 하고 주변을 돌아봐도 건물을 찾을 수 없었다. 자세히 살펴보니 내가 살던 집과 그 옆집을 합해 새로 빌라를 지었다.

영원히 사라진 것이다. 무척 허무했다.
정말… 참 애착이 많았는데…
세월의 무상함을 느끼고 또 느꼈다.

그 후로 또 세월이 흘러 4, 5년 후 식구들과 함께 고향에 가는 길에 부모님께서 사시던 집을 일부러 지났다. 그 집은 부모님이 두 분 다 돌아가시고 몇 년간은 내가 관리하다가 너무 거리도 멀고 관리가 어려워 아래층 가게를 임대하신 분께 팔았다. 그 집을 오랜만에 한번 보고 싶어 그쪽으로 차를 운전하며 아내와 아들, 딸에게 그 집에 얽힌 추억들을 얘기하면서 지나려는데 아니, 이게 또 어떻게 된 건가? 달랑 그 집만 없어진 게 아닌가? 차를 길가에 세우고 한참을 살펴보니 그 집 옆으로 나 있던 골목이 넓게 확장되면서 그 집도 사라져 버린 것이었다. 앞 도로가 확장되면서 새로 지었던 건물이었는데 이번에는 옆 도로가 또 확장되면서 사라져 버린 것이다.

결국 이렇게 나의 첫 번째, 두 번째 설계가 다 역사 속으로 완전히 사라진 것을 확인했다. 참 많이도 슬펐다.

멍한 내 맘을 알았는지 식구들이 날 위로한다. 그렇게 한 집은 20여 년, 또 한 집은 30여 년 이 세상에 있다가 사라져버렸다. 첫 번째 설계와 또 두 번째이자 내 이름으로 설계한 첫 번째 설계가, 그리고 참 의욕 넘치게 했던 설계들이 사라진 것이다. 건물의 운명이란 그런 것이겠지만 내겐 세월의 흐름과 함께 느끼는 큰 허무함이었다.

큰일은 아무나 하나?

사무실을 운영하다 보면 제법 큰 규모의 일을 맡는 경우가 있다. 부동산업을 하면서 시행사업에도 관심을 가진 아는 선배 한 분이 큰 규모의 일을 몇 번 소개해주셨다. 그중 하나가 IMF 사태 바로 직전이었다. 경기 침체로 모두 어려운 과정을 겪고 있었고 나 또한 마찬가지던 때였다.

선배는 충청도 어느 유명관광지에 호텔을 지을 수 있는 땅과 이미 검토를 마친 사업계획안을 가져와서 사업주를 찾는다고 했다. 마침 주변에 생각난 분들이 있어 말씀드렸더니 구체적인 검토를 해보고 싶다고 해서서 선배와 함께 만나 이야기를 나누고 서류도 검토하고 현장도 답사했다. 이후 다시 만나 땅값 등도 협의하고 마침내 계약하기로 했다. 사업계획도 이미 잘 나와 있어서 그 규모에 맞춰 땅 계약 후 설계계약도 할 수 있도록 설계비도 미리 결정해 두었다.

1주일 후 땅을 계약하기로 한 바로 그날, 방송에서 IMF 사태를 대대적으로 알렸다. 연일 온 매체에 그 사건에 관한 이야기로 가득했는데 그저 나라에 달러가 부족해서 국제기구에서 빌리는 정도로만 알았지, 우리가 추진하려던 사업에까지 영향을 미치리라고는 꿈에도 생각하지 못했다. 땅 계약 날짜만 목이 빠지게 기다리던 우리에게 지인은 계약을 못 하겠다는 정말 가슴이 쿵 내려앉는 얘기를 전해왔다.

이유인즉슨 갑자기 주거래은행으로부터 그동안 대출받은 금액을 속히 갚지 않으면 엄청난 이자를 물어야 한다는 연락을 받았단다. 그분들은 상당히 많은 금융자산과 부동산을 소유한 재산가였는데, 그러다 보니 은행으로부터 대출도 많이 받고 있었다. IMF라는 국제기구가 1차로 내린 조치로 인해 각 은행은 대출 회수를 시작했고, 빠른 회수를 위해 돈이 있는 자산가의 대출부터 회수하기 시작한 것이다.

정말 기가 막혔다. 직원들 밀린 급여도 지급해야 하고, 밀린 임대료도 내야하고, 밀린 세금도 내야 하는데… 눈앞이 캄캄했다. 우리 같은 소규모 사무실은 이번 계약 정도의 일이면 1년은 너끈히 살아갈 좋은 기회라 정말 꿈에 잔뜩 부풀어 있었는데 눈앞에서 연기처럼 사라진 것이었다. 하늘이 정말 원망스러웠다. 반면에 그분들은 땅을 샀다면 대출 회수 때문에 사업추진이 힘들어질 수도 있었을 테니 여차하면 날릴 뻔한 계약금을 지킬 수 있게 되었다. 그렇게 1주일 사이 우리의 희비가 서로 엇갈렸다. 허탈한 마음으로 '큰일은 임자가 따로 있나 보다'하며 한숨만 쉴 수밖에 없었다.

그로부터 10여 년이 지난 뒤 그 선배가 이번에는 서울 시내 한

복판 대로변에 있는 제법 규모가 있는 일을 또 가져왔다. 호텔 프로젝트인데, 건축할 현재의 땅 주인도 소개받고 보니 대학 선배였고, 탄탄한 자리에 계신 분이었다. 하지만 그 땅은 복잡한 여러 가지 관계나 채무가 얽혀있어서 실제 거의 사용되지 않는 건물이 있는 땅이었다. 하지만 그간 진행된 상황들도 있었고 또 그분들이 풀어가고 있는 문제였기에 나는 설계에만 집중했다. 그래도 복잡한 문제였는지 수개월이 흐른 뒤 드디어 설계를 시작하자고 연락이 왔다. 그런데 설계비를 지급하실 분이 전과는 다른 분이라고 했다.

일종의 투자자로 들어오는 분이라고 소개를 받고 만난 분은 나이는 많으신 편이었지만 나름대로 사업을 잘 이루신 분 같았다. 하지만 계약하는 과정이 좀 이상했다. 소개한 선배가 얘기하기를 일단 건축심의까지만 먼저 진행하고 싶은데, 우선 내가 설계비로 꼭 받아야 하는 금액을 알려 달라는 것이다. 그러면 거기서 금액을 더 올려서 계약을 성사시킨 다음 나머지를 본인들이 갖겠다는 것이었다.

그런데 그 더 올리겠다는 비용이 주객이 전도된 금액이었다. 전체 계약금액이 터무니없는 금액은 아니었지만 나를 통해 계약하면서 실제로 일하는 나에게는 최소금액만 주고 나머지는 자기들이 더 많이 갖겠다는 것이었다. 어이가 없었지만, 워낙 힘든 시기를 지나는 중이었던 터라 거절할 수가 없었다. 또 다행히 심의를 거쳐 설계가 본격적으로 진행된다면 서울 시내 사대문 안 대로변에 좋은 실적도 될 것 같았고, 그때 받을 설계비를 생각하면 그렇게 나쁜 건 아니어서 일단은 울며 겨자 먹는 심정으로 동의를 했다. 그런데 알고 보니 이 일을 주관하는 선배와 또 그 상대 투자자 사이에 또 한 사람이 끼어있었다. 결국은 이쪽 땅 주인 앞에도 한사람인 그 선배가 있었고 투자자 쪽 앞에도 어떤 여자분 한 분이 끼어있었다.

어쨌든 계약이 이루어졌고 심의까지 우선 진행했다. 모처럼 규모 있는, 그것도 서울 시내 한복판 대로변에 하는 일이라 신경을 많이 썼다. 구청심의에 직접 참여해 발표까지 하는 등 나름대로 열심히 준비해서 별문제 없이 통과했다. 이후 그간 받아 본 금액 중 가장 많은 금액을 설계비로 받았다. 각오는 했어도 받은 금액에서 60%를 돌려주자니 정말 허무하기 짝이 없었다. 그냥 나머지 40%로 이것저것 밀린 자금을 정리한 것만으로 만족할 수밖에 없었다.

이후 땅 주인과 투자자 사이에 협의가 이루어지지 않아 더 진행되지 않게 되면서 일은 그렇게 끝났다. 역시 나한텐 그 정도 일을 할 수 있는 복이 없나보다 싶었다. 그런데 얼마 지나지 않아 그 땅 주인인 학교 선배와 같이 일하던 선배의 부인이 이 일과 직간접적인 이유로 구속되어 징역살이하게 되었고, 투자자 앞에 있던 여자분 역시 다른 일로 징역살이하게 되었다. 참 아이러니한 사건이었다.

이런 과정들을 보면 오묘한 인생에서 한 가지 분명한 것이 지나친 욕심은 꼭 화를 부른다는 것이다. 또 한편 그 일이 아쉽지만, 그 선에서 끝났던 건 어려움을 피하려고 그랬던 걸지도 모르겠다는 생각도 들면서, 어쩌면 내게 정말 맞는 일이 따로 있을지도 모른다는 생각이 들기도 했다. 아무쪼록 너무 큰일에 마음을 두지 말고 그냥 지금 내 앞에 놓인 모든 것에 감사하련다. 그래야지. 암~.

매일 TV에 보이는 내 설계

몇 년 전 어느 날 TV 뉴스 시간에 내가 아는 분의 얼굴이 크게 나왔다. 깜짝 놀라 자세히 보니 상당히 큰 사건에 연루되어 매우 안 좋은 모습이었다. 그날 톱뉴스의 주인공이었다. 그리고 그날부터 시작해서 그분은 한동안 뉴스에 계속 오르내리며 세상에서 모르는 사람이 없을 정도로 유명한 인물이 되었다. 그러다 보니 그분의 재산 같은 주변 상황이 소개되면서 나의 설계도 매일 TV에 나오게 되었다.

그분의 재산 중 가장 값나가는 중요한 건물이 내가 설계한 건물이었기 때문인데, 내가 설계한 건물이 TV에 나오는 것이 신기했지만 좋지 않은 소식과 함께 매일 나오다시피 하니 썩 좋은 기분은 아니었다. 또 한편으로 저분은 어쩌다 저렇게 되어 버렸나 하는 참 안타까운 마음으로 상황을 지켜볼 수밖에 없었다. 정말 세상 부러운 것 없는 분이었는데.

그 건물의 설계를 시작하게 되었을 때가 생각났다. 공사 건으로 몇 차례 만났던 어떤 건설회사 사장님의 소개로 처음 그들 부부를 만나게 되어 설계를 의뢰받았다. 막상 설계를 마치고 공사에 들어가려고 할 때 금액이 서로 합의되지 않아서 나를 소개해준 건설회사가 공사를 포기하고, 내가 건설을 맡을 회사를 소개하는 묘한 상황이 만들어졌었다. 그 일이 완료된 이후 몇 년 뒤에 이번에 등장한 건물을 설계하게 되었다.

그 과정에서도 인상적인 일이 있었다. 계획안을 다 만들고 설계계약을 하게 되었을 때 남편분이 나에게 이런 제안을 했다. 몇 차례 나눠 지급하게 되어있는 설계비를 계약할 시 현금으로 전액 지급할 테니 설계비를 좀 깎자는 것이었다. 난 좀 황당했지만 이미 일을 진행하고 있었고 사무실 형편도 별로 좋은 때가 아니어서 거절할 수 없었다. 한편 그러는 동안 말없이 옆에서 미소만 짓고 있다가 실행하는 분은 부인인지라 실세는 부인인 것같이 살짝 느껴지기도 했다.

그분들은 내가 틀림없이 수긍할 것으로 생각했는지 현금을 벌써 준비해두었다. 참 이재에 밝고 돈 앞에는 좀 별난 사람들이라고 생각했다. 한 번도 그렇게 설계비를 깎자는 사람도 없었고, 현금으로 직접 주겠다는 적도 없었다. 쇼핑백에 현금을 담아 나오면서 나는 속으로 '돈이 많으면 저렇게도 하는군'하며 씁쓸해하기도 했다.

부부는 건물 한 층 전체를 사무실로 쓰기로 했는데 인테리어 공사가 완료된 후 초대받아 입주도 축하할 겸 방문했다. 큰 사무실에서 근무하는 사람은 부부 외에 딱 두 명이 더 있었다. 부부의 비서 같은 역할을 하는 듯 보였다. 사무실에는 유리 칸막

이로 된 회의실이 여럿 있었고, 하는 일이 도무지 뭔지 짐작할 수 없는 아리송한 사무실이었다. 건물 위층 마지막 2개 층은 부부가 사는 집이었다. 인테리어 설계와 공사를 별도로 진행해서 주택 내부 디자인은 내가 건물을 설계한 의도와는 상당히 다르게 공사 되어있었다.

그렇게 건물을 둘러보고 돌아온 것이 내가 그분들을 직접 만난 마지막이었던 것 같다. 이후 몇 차례 건축과 관련된 자문을 요청받아 가끔 전화를 주고받은 것이 전부였다. 참 세상은 모를 일이다. 삶의 방식이 조금 독특한 사람들로 보였지만 별로 악해 보이지는 않았고, 경제적으로는 남부럽지 않게 건물도 땅도 제법 가진 무척 성공한, 나와는 동년배의 사람들이었다.

내게도 대로변은 아니었어도 당시 강남중에서도 가장 핫한 곳에 너무 작지 않은 건물을 설계해 볼 수 있었던 기회였다. 나름대로 몇 가지 건축적 시도를 해보았고 결과도 나쁘지 않았다. 비록 설계비를 어이없게 깎였어도 나에게는 고마운 분들이었다. 물론 그분들의 품성으로 보아 톱클라스 설계사무소는 너무 비싸니까 선택하기가 좀 어려웠을 것 같고, 나와는 이미 한번 경험을 했던 터라 그들 판단으로는 내게 맡기는 것이 나름 가성비가 괜찮다고 생각했던 것 같다.

나는 그분들의 모습을 보면서 모든 사람의 인생은 정말 알 수 없는 일이지만, 우리가 알 수 있는 한 가지는 결코 분에 겨운 욕심을 부리지 말고 내게 주어진 상황 속에서 열심히 최선을 다해 살아가는 것이 인생을 사는 가장 옳고 바른 방법이 아니겠냐고 다시 한번 생각했다.

다행히 나는 그 사람들의 부를 부러워하며 그들과 같이 되기 위해 그들 뒤에 줄 서지 않았다. 나만이 할 수 있는 나의 건축적 만족과 의의를 향해 걸어온 나의 소박한 길에 감사하며 새삼 다시 삶의 길을 깨닫게 된다.

'바다를 향하여'에서 '바다를 품다'로

평소 잘 알고 지내던 어느 건설사 전무로부터 설계를 의뢰하려는 친구를 소개받았다. 함께 이런저런 얘기를 나누다 그분의 살아온 얘기를 듣게 되었다. 상당히 부유한 가정에서 태어나 전혀 부족함 없이 살았다는 그분은 학창 시절에 집안이 어려움에 내몰리며 힘든 청년 시절을 보냈지만, 사회에 나오면서 좋은 일 궂은 일 가리지 않고 열심히 노력하며 여러 과정을 지나 중년이 된 지금은 사업을 탄탄히 이루어 잘살고 있는 그런 분이었다.

가톨릭 신자인 그는 10여 년 전 다니던 성당에서 여러 교우와 함께 제주를 갔다가 경제적으로 힘든 처지에 있는 현지 가톨릭 교우가 내놓은 땅을 도와주겠다는 취지로 특별한 목적 없이 샀었다고 한다. 세월이 흘러 제주가 급격히 발전하면서 땅값도 어마어마하게 오르게 되었고, 거의 모든 지역에서 개발이 이루어지다 보니 지자체에서 난개발을 막기 위해 건축허가 제한을 시행했다. 그분도 제한 규정을 피하려고 급히 건축허가를 받아 놓았는데 그 기한마저 만료되어 가서 기존 설계를 변경해서 본인과 가족, 그리고 지인들이 제주를 방문할 때 머무를 수 있는 독특한 내부구성의 주택을 설계해 주기를 원했다.

마침 나는 다른 설계일로 제주 출장을 거의 매주 가던 때여서 가는 길에 그 땅과 주변을 둘러보고 계획을 시작했다. 그 땅은 왕복 2차선 도로 하나 사이로 바다가 펼쳐져 있었고 멀리 예쁜 섬이 보이는 무척 멋진 땅이었다. 주변은 온통 펼쳐진 밭들과 멀리 뒤로는 한라산이 잘 보이는 곳이기도 했다.

땅을 둘러본 후 얼마 동안 어떻게 만들까 생각하는 시간이 흐르며 조금씩 내 머릿속에 있던 생각을 도면으로 정리하기 시작했다. 나는 먼저 그 건물의 이름부터 지었다.

'바다를 향하여'

우선 세 가족이 동시에 독립적으로 각각 머물 수 있는 욕실과 간이주방을 갖춘 원룸형 주거유닛 3개를 1층에 1개, 2층에 두 개를 두고, 별도로 세 가족이 함께 모일 수 있는 큰 거실과 주방을 1층에 만들고 그중 거실 천정 일부를 2층까지 오픈하여 위층 주인댁 거주 유닛의 작은 거실과 소통할 수 있는 구조로 만들었다. 또 중요한 공간들은 모두 바다를 향하여 배치하고 동시에 천정을 높게 만들어 바다를 향한 시원함을 주고자 하였다.

그중 주인 부부가 머무는 2층 유닛은 특별하게 건축주가 원하는 열린 욕실 - 거실과의 구분은 낮은 칸막이벽으로만 원함 -

등으로 구성되고, 거실 앞 넓은 발코니는 건물에서 완전히 돌출된 형태로 바다를 향해 넓게 열리고 그 시야는 멀리 보이는 바다 가운데 섬을 향하게 하였다. 발코니에서 바다를 향해 서면, 마치 뱃머리에 선 것 같은 느낌이 주고 싶었다. 땅이 서향이라 특히 해 질 무렵에 그곳의 느낌이 무척 낭만적이리라 생각되었다. 그리고 1층에는 세 가족이 흩어졌다 모였다 할 수 있는 공용 테라스 등도 널찍이 갖추어 내 생각에 제법 그럴듯한 집이 되었다.

이후 도면과 모형을 준비해 건축주를 만나러 그가 주말에 주로 생활하는 별장으로 찾아갔다. 별장 한쪽에 있는 별채는 본인이 직접 꾸미고 건축 과정에도 적극 참여했다고 했다. 여기저기 둘러보니 그분의 모습처럼 - 수염도 멋지게 기르고 끼고 있는 금속 팔찌, 목걸이도 멋진 - 제법 세련된 멋이 있는 곳이었다. 그분은 내가 준비해간 건축안을 보고 매우 만족해하며 조만간 계약하자고 했다.

며칠 뒤 건축주에게서 만나고 싶다고 연락이 왔다. 이번에는 평일이라 평소에 사는 동네로 찾아갔다. 그분은 지난번 만들어준 계획안은 너무 좋았는데 아내가 심하게 반대한다고 했다. 지금 주말에 지내는 별장도 높은 세금 문제로 힘든데 또 제주에까지 별장을 지으면 어떻게 하느냐 했다는 것이다. 그러면서 정말 미안하지만, 건물을 카페 용도로 변경해주면 안 되겠냐고 했다. 나는 형태 등을 그대로 두면서 간단한 내부용도의 변경만으로는 해결할 수 없으니 처음부터 다시 고민해야 한다고 답을 했다. 내심 많이 맥빠지는 얘기였지만 정중히 부탁하니 다시 생각할 수밖에 없었다. 이렇게 같은 땅에 건물을 다시 설계하는 일이 쉽지 않다. 왜냐하면, 이미 내 머릿속을 가득 채우고 있는 기존의 그림을 완전히 지우는 일이 잘 안되기 때문이다. 나는 다시 최대한 머릿속을 비우고 오직 '카페'만을 머릿속에 둔 채 현장을 또다시 가 보고 생각에 또 생각, 자료를 찾고 또 찾고, 그렇게 또 시간이 흘러 다행히 전과는 전혀 다른 새로운 계획안을 만들었다. 이번 건물 이름은 '바다를 품다'로 지었다. 아주 조그만 카페다.

법적으로 제한이 있어 더는 크게 할 수 없는 아주 작은 카페이다. 이번 집의 이미지는 두 팔을 벌려 바다를 품을 듯 동그랗게 펼쳐진 아주 단순한 형상으로 만들었다. 그리고 실내바닥 한쪽 끝부분을 다른 부분보다 약간 높여 다른 분위기의 공간을 형성하고 그 끝에 작은 발코니를 두었다. 그 펼쳐진 원형의 형상 따라 마당에는 데크를 깔고 옥외 테라스 카페로도 사용하도록 구성해 보았다.

이번에도 작지만, 열심히 모형도 만들고 도면도 그려서 그를 다시 만났다. 그분은 이번에도 무척 만족해하였고 또 다행히 부인도 아주 많이 흐뭇해했다. 그렇게 계획안에 따라 본격적인 설계가 마무리되고 공사가 시작되었다. 몇 달이 지난 뒤 그 바닷가에 작고, 그리고 외벽도 천정도 바닥도 온통 하얀 동그란 카페가 만들어졌다.

공사가 다 끝나고 건축주가 세무 정리 때문에 사업자등록을 만들고 내게 사본을 보내주었다. 상호는 '바다를 품다'였다. 처음 내가 계획안을 보여주면서 얘기했던 건물 제목을 그대로 쓴 것이다. 그러면서 그분은 이 이름을 꼭 그대로 쓰고 싶었다고 했다. 마음이 오가는 참 고마운 분이었다.

누군가 어서 오픈해서 장사도 잘되는 곳이었으면 더욱 좋겠다. 그런 곳으로 꼭 가보고 싶다. 커피 한 잔 마시러.

7 건축가의 마음

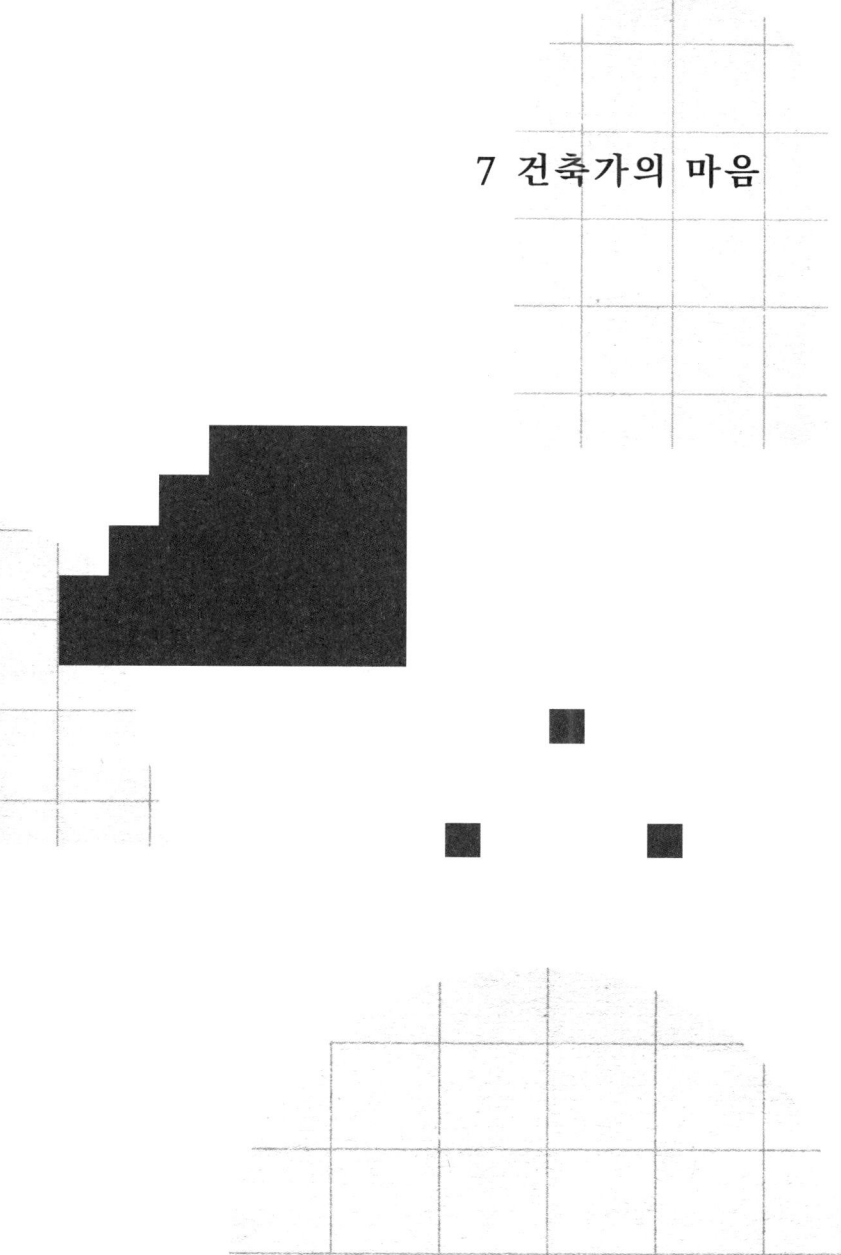

건물의 이름

사무실을 시작한 지 얼마 되지 않았을 때였다. 가끔 건축잡지사에서 찾아와 건축 잡지 원고용 도면 등을 요청해서 받아 가곤 했다. 나는 건축개요, 도면, 사진 등을 준비해서 잡지사에 건넸는데, 원고에 담겨야 하는 건축개념에 대해서는 잘 써주지 않았다. 그럴 때마다 잡지사에서 오신 분이 내게 늘 묻는 말이 있다.

"이 건물은 어떤 의미인가요?"

그럼 나는 이렇게 대답한다.
"보시는 분의 생각에 맡기겠습니다."

잡지사에서 오신 분은 무척 난감해한다. 설계 개념에 대해 쓰긴 해야 하는데 그런 대답이 돌아오니 난감했을 법하다. 실은 그때 나는 그 건물의 의미에 대해 쓸 말이 별로 없었다. 내가 설계하는 방식 자체가 그냥 건물에 필요한 기능을 충실하게 담고 눈에 보이는 외부는 내가 보기에 그냥 멋있게 하려 했을 뿐이기 때문이다. 실제로 그곳에 사는 분들이나, 이용하는 분들에게 무언가의 의미를 담아 전달하거나 느끼게 하려는 게 아니었다. 지금 생각해보면 정말 많이 부끄러운 일이다.

결국 실제 발행된 잡지를 보면 개념에 대한 설명이 없거나, 임의로 잡지사 생각대로 몇 자 적어 내놓곤 하였다. 당시 나는 건축물을 기본개념 없이 설계했던 셈이다. 다시 말하면 건축물에 아무것도 담지 못한 것이다. 아니 담으려 하지도 않은 것이다. 어떻게 보면 "난 빈 머리입니다."라고 자랑한 것과도 같았다.

세월이 흘러 나이가 들어가며 설계를 대하는 나의 태도는 조금씩 변해갔다. 설계라는 작업이 아주 무겁고 조심스럽고 신중해야 함을 점점 깊이 느끼게 된 것이다. 일반적으로 건축이란 많은 돈을 들여야만 하는 일이니 어쩌면 보통 사람에게는 평생에 한 번 하기도 힘들 수 있다. 그러니 이 일이 그들에게 얼마나 소중하고 조심스럽고 또한 생각이 많겠는가?

그런 그들이 제일 먼저 만나게 되고 마지막까지 함께하는 사람이 건축가이다. 그들에게 건축가는 어쩌면 제일 중요한 사람일지도 모른다. 그래서인지는 몰라도 우리나라에서는 대개 설계가 필요할 때 먼저 가까운 주변 사람을 통해 건축가를 소개받는 일이 많은 듯하다. 어쩜 그 이유가, 그나마 좀 덜 속을 것 같아서, 좀 더 안심할 것 같아서인 것 같다.

정말 건축은 무거운 것 같다. 정말 묵직하다. 그래서 건축을 위해서는 깊이 또 많이 생각해야 한다고 느낀다. 그러다 보니 세월이 흐르면서 지금은 제일 먼저 생각하는 게 건축개념이다.

나는 그 건축에 무엇을 담을까, 어떤 걸 전할까.

다시 말해 건축 제목이다. 곧 내가 생각하는 건물의 이름.

이제는 먼저 건물 이름이 떠오르지 않으면 건축 설계를 시작하기가 어려워졌다. 그래서 어떤 경우는 끝내 개념을 정리하지 못해 건물의 이름이 정해지지 않은 채로 설계된 건물은 그 결과도 신통치 않다. 반대로 이름이 정해지면 설계 진행이 훨씬 수월해지고 결과도 확실히 좋다. 그건 바로 설계의 지향점이 있기 때문인 것 같다.

그러다 보니 지금은 여러 이름이 생겼다. 그리고 그 이름들이 때로는 보여지고 말하기도 하지만 어떤 건 나만 아는 이름들이기도 하다. '4개의 우리 집', '들꽃', '하늘꿈터', '도시의 빛', '따로 또 같이', '바다를 품다', '한옥의 재구성', '조각과 도자기' 등등…

재미있다. 과정이 짜증 나고 어렵고 힘들어도 이름을 만들 때를 생각하면 슬며시 미소가 나온다.

선교지 건축

2000년대 후반쯤인 것 같다. 아는 후배가 필리핀에서 선교 활동을 하시는 분이 현지에서 건물을 짓고 싶다고 하시는데 설계를 좀 도와줄 수 있겠냐고 물어왔다. 나도 가끔이라도 가능하면 내 달란트로 좋은 일에 도움을 주고 싶어 하던 차였고, 그 후배 또한 그런 마음으로 내게 부탁한지라 선교사님을 만나게 되었다. 그분의 경력은 화려했다. 국내 최고의 대학을 졸업, 미국 유학을 다녀와 한때 청장, 차관도 역임하셨고 국내 굴지의 대기업 대표이사로 근무하시다 퇴직하신 뒤 뜻한 바 있어 필리핀 깊은 오지로 들어가서 선교 활동을 하시는 분이었다.

여러 해 동안 활동하시면서 산 땅에서 어렵게 살아가는 여러 사람과 함께 작은 공동체 마을을 이루어 농사를 지으며 함께 살고 계셨다. 이제는 어느 정도 자리를 잡아 그 땅에 아이들을 위한 작은 학교와 어른들의 작업장, 예배당, 숙소 등을 짓고 싶어 하셨다. 그러면서 내게 그분 나름대로 현지 조사한 결과를 말씀해 주셨다. 현지는 워낙 깊은 산골 오지라 자재를 구하기가 몹시 힘들지만, 흙만은 좋다고 하셨다. 그리고 우기 때는 비가 많이 오니 그런 점을 고려해서 설계해 달라고 하셨다.

물론 여기서 그리는 도면으로 허가를 받거나 하는 행정절차를 밟는 건 아니라고 했다. 그곳은 먼저 집부터 지은 후에 지은 대로 도면을 작성하여 신고하는 행정처리 방식이라 추후 현지에서 진행할 예정이라고 하셨다. 그래서 기본 벽체는 현지에서 쉽게 구할 수 있는 품질 좋은 진흙으로 직접 만든 벽돌로 하되, 표면에 국내에서 구매해 갈 발수제를 발라 비에 강하여지도록 하고, 지붕틀과 벽 틀 등으로 사용할 자재는 현지에서 비교적 쉽게 구할 수 있는 작은 크기의 철재 각 파이프 한 가지로 통일하여 다양하게 사용할 수 있도록 설계하였다. 그리고 전체적인 구성은 중앙 마당을 중심으로 여러 기능의 시설들을 빙 둘러 배치하였다.

설계가 완료되고 도면을 꾸려 선교사님께 전달해 드렸다. 선교사님은 많이 감사해하시면서 이 건물이 지어지면 아마도 그 지역의 표준이 될 것이라며, 내가 그 표준을 만드는 것이라고 빙그레 웃으셨다. 실제로 그렇게 현지 행정당국과 협의를 이미 마쳤다고 하셨다. 그래서 가능하면 모든 표기를 영문으로 해주기를 바라셨던 것 같다. 이후 현지에서 공사하는 중에 한두 번 메일을 주고받았고, 1년쯤 지나 선교사님 홈페이지를 들어가 보니 어느새 예배당을 비롯해 한두 동이 지어져 있었다. 그 모습도 도면과 아주 흡사했다. 내심 좀 신기하기도 했다. 그 홈페이지 사진들을 한 장 한 장 보며 선교사님께서 참 많이 고생하셨겠다는 생각이 들었다. 그리고 끝까지 잘 완성되기를 기도했다.

그 일이 그렇게 진행되고 난 후 이번에는 다른 어떤 교회에서도 비슷한 설계 부탁이 들어왔다. 이번에는 아프리카에 있는 탄자니아였다. 일전에 내가 에티오피아에 설계한 경험을 아셨는지 역시 그 후배를 통해 부탁하신 거였다. 이번에는 그 교회에서 직접 파견하신 선교사님을 교회 관계자와 같이 만났다. 교회 관계자는 필요한 자재를 우리나라에서 구매해서 현지로 보낼 예정이라 했다.

이번엔 학교였다. 이곳 역시 탄자니아에서도 아주 시골이었다. 지도에서 찾아보니 킬리만자로산 아래 있는 작은 마을이었다. 유치원 아이들을 가르치기 위한 학교였다. 우선 교실 한 칸과 화장실, 그리고 사무실 하나와 작은 강당을 짓지만 추후 학급이 늘어날 것을 고려해서 설계해 달라고 하셨다. 그래서 나는 공간을 유닛화 해서 설계를 하는 것이 좋겠다고 판단하고, 교실 하나와 복도 화장실을 묶어 하나의 유닛으로 하고 필요하면 계속 그 유닛을 이어 늘려갈 수 있도록 설계했다. 중앙에 강당을 중심으로 양쪽으로 복도를 따라 교실이 이어지는 구조였다. 역시 현지 사정과 기후 등을 고려하여 지붕의 형태나 건축자재 등을 선정했다. 이전에 해봤던 에티오피아의 경험이 많은 도움이 되었다. 설계를 마치고 도면을 전달한 이후 자주 메일로 소식을 주시던 선교사님으로부터 반가운 소식이 왔다. 처음 1단계 공사가 끝나서 사용 중인데 마침 한국 기독교방송을 통해 학교가 소개되었다고 소식을 전해주셔서 그 프로그램을 찾아서 보게 되었다. 방송을 본 소감은 좀 실망이었다. 나름대로 내가 갖고 있던 이미지가 상당히 훼손되어 있었다. 이미지상 중요한 부분을 아마 공사를 좀 더 편하게 하려 했거나 아니면 이해가 좀 부족했거나 하여 다르게 공사한 것이었다. 그래서 나는 만났던 그 교회 관계자에게 연락했다. 다음 증축이 있다면 꼭 연락을 주셨으면 좋겠다고, 원래 추구했던 이미지가 있는데 이번 공사에서 한 부분이 잘못된 것 같아 다음 증축 때는 꼭 살렸으면 좋겠다고. 하지만 이후 아직은 연락이 없다. 아쉽다.

세 번째 선교지 건축은 몽골이었다. 몽골 선교사님은 좀 특별한 분이었다. 국내에서 큰 사업을 하시다 온 나라를 떠들썩하게 했던 불행한 사건으로 인해 여러 해 감옥살이하셨고 출소하신 후 국내를 떠나 선교 활동으로 여생을 보내시기로 하고 몽골로 가신 분이었다. 아는 교회 장로님으로부터 소개받고 만나보니 그곳에 작은 교회를 하나 짓고 싶다고 하셔서 교회를 설계하게 되었다. 그곳은 교회를 좀 박해하는 편이라 교회를 교회처럼 지으면 안 된다고 하시며 일반 가정집처럼 해달라고 샘플 될 만한 사진도 몇 장 가져오셨다. 역시 추운 지방이라 눈에 대비해 경사가 급한 지붕 형태의 집들이었다. 그렇게 원하는 대로 설계를 해드리고 그분은 몽골로 돌아가셨다. 이후로는 아무 연락이 없으셔서 교회가 지어졌는지 아닌지는 나는 알 수가 없었다. 그냥 잘 되었기를 바랄 뿐이다.

이 모든 설계는 무료로 하는 설계이다. 나 또한 선교의 한 부분을 담당한다는 마음으로 동참하는 것이다. 그 설계과정에서 느끼는 그분들의 헌신을 보면 정말 대단하신 것 같다. 그 어려운 환경에서도 조금도 몸을 사리지 않고 포기하지 않고 최선을 다하는 모습이 보는 이로 하여금 절로 고개를 숙이게 한다. 그러니 무료로 설계를 해드리는 건 어쩜 지극히 당연할지도 모른다.

가끔 그런 기회가 또 오길 바라지만 그 후 여러 해 동안 날 찾는 분은 아직 없었다.

노숙인을 위한 시설

언젠가 어느 지자체에서 시행하는 노숙인을 위한 시설들을 점검하고 바꾸어 개선하는 프로젝트에 참여한 적이 있다. 여러 명의 멤버와 팀을 만들어 디자인을 먼저 만들고 실제로 적용해 공사하고 감리까지 진행하게 되었다. 프로젝트 진행을 위해 먼저 시내 여러 곳에 산재한 노숙인 시설들을 둘러보러 갔다.

시설 중에는 여러 사람이 함께 생활하는 복합시설도 있었고, 급식소 같은 단순 용도의 시설도 있었다. 생활시설 중에는 하루 이틀 정도 짧게 묵어갈 수 있는 곳이 있는가 하면 오랜 기간 머물 수 있는 곳도 있었다. 운영 주체도 다양해서 기독교 단체, 불교 단체, 천주교 단체 등 주로 종교단체에서 많이 운영하고 있었다.

생활시설을 살펴보니 생활하는데 필요한 기본적인 시설이 잘 갖추어져 있었고, 어떤 곳은 직업재활을 위한 시설도 갖추고 있어 본인의 의지에 따라 시설에서 이끄는 대로 잘 따라간다면 장차 직업도 갖고 정부에서 제공하는 임대주택도 배정받을 수 있다고 했다. 그런데 노숙인 대부분이 급식소만을 이용하거나 하룻밤 묵어가는 시설을 주로 이용하지, 장기체류 생활시설로는 잘 가지 않는다고 했다. 이유를 물어보니 나름대로 사정이 있었다.

첫째 이유는 시설에 있는 동안 반드시 금주해야 하고, 두 번째는 생활 규칙을 꼭 지켜야 했다. 그나마 담배는 피울 수 있는데, 그러다 보니 옥상이나 건물 앞에서 늘 담배를 피워 민원이 발생하기도 한다고 했다. 그래서 어떤 시설은 옥상에서 피우는 담배 때문에 주변 건물에서의 민원을 줄이기 위해 시선 차단용 벽을 만들어 놓은 곳도 있었다. 운영기관 말로는 주변에는 죄송하지만, 담배마저 못 피우게 하면 남아있을 사람이 거의 없다는 것이었다.

생활시설에 있는 분 중 많은 사람이 IMF 사태를 기점으로 노숙인이 되었고, 또 그들 대부분이 가족과 인연을 끊고 사는데 알콜 중독인 분들이 아주 많다고 했다. 그래서 술을 마시기 위해 생활시설로 가지 못하고 노숙을 할 수밖에 없다고 했다. 그리고 그간 규칙에 매이지 않는 자유로운 생활이 몸에 배어 노숙을 선택하는 것이기도 했다. 망가져 버린 그들의 응어리진 맘을 어찌 다 헤아리겠냐마는 마음이 참 아팠다.

그렇다. 세상사는 일이 결코 쉽지 않고, 더구나 그간 살아온 것을 바꾸려면 그만큼 더 큰 용기와 굳은 의지가 꼭 필요하다. 디자인을 마치고 우리가 제출한 도면에 맞추어 공사가 진행되었고 나중에 결과까지 자료로 만들어 제출하면서 그 프로젝트는 끝났다.

이후에 다른 기회로 노숙인을 위한 농업기술을 교육하는 시설 설계를 한 적이 있다. 그곳은 노숙인 중에서 스스로 굳은 결심으로 직업재활에 나선 분들을 지원하는 시설이었다. 나는 이전 프로젝트를 떠올리며 가능한 그들의 자부심이 높아질 수 있도록 시설의 품격을 높이고자 노력했다. 좀 더 밝고 좀 더 명랑하고 좀 더 거부감 없을 만큼 고급스러운 디자인으로 그들을 높여주고 싶었다.

얼마나 많은 분이 그 시설을 거쳐 독립했을지, 어떻게 지낼지 많이 궁금하다. 많은 분이 지금 이 사회에서 같이 살아가고 있기를 기원해본다.

포기한 설계

사무실을 시작한 초기에 우리 사무실 실장이 나에게 한 말이 있었다. 당시는 나와 선배 한 분이 공동대표로 함께 사무실을 운영하고 있을 때였다. 실장 얘기는 대표 중 내가 가져오는 일의 성공확률이 훨씬 높다는 것이었다. 물론 일의 종류나 크기와는 상관없는 얘기다. 내가 가져오는 일은 기본계획에서 끝나지 않고 대부분 실제로 실현이 된다는 것이다.

사실 그런 편이었다. 어쩌면 내가 상대적으로 건축주 눈치를 잘 채는 것 같기도 하고, 처음부터 건축주와의 관계가 신뢰를 바탕으로 하지 않으면 시작을 잘 안 하는 편이기도 했다. 아마 상처받기 싫어서 그런 것도 같다. 수동적인 수주 활동이 대부분이다 보니 사무실이 잘 되는 편도 아니었다. 하지만 일단 시작되면 대부분 실현이 되는 일이 많았고 또 감리까지 이어지곤 했다.

얼마 전 우리나라에서는 역사가 꽤 오래되고 또 많은 시설이 속해 있는 손꼽히는 어느 사회복지법인의 일을 할 때였다. 이미 그쪽과는 두어 차례 일을 함께한 적이 있었고 하여 서로를 어느 정도는 파악하고 있는 관계였다. 다만 그동안 법인대표가 아버지에서 아들로 바뀐 것이 달라진 점이었다.

내가 하게 된 설계내용은 장애인 시설건물 하나를 철거하고 다시 짓는 일이었다. 공사비는 정부에서 지원하는 예산으로 하는 것이라서 예산을 받은 시설에서 직접 관리하여 진행하고 설계비는 법인에서 따로 부담하는 형식이었다. 자연스럽게 설계내용에 대해 시설에서 관련 얘기를 나누지만 결국, 일의 결정은 돈을 지급하는 법인에서 하다 보니 설계에 대한 회의는 점점 시설이 아닌 법인에서 하는 쪽으로 바뀌게 되었다. 그러면서 건물의 기능 등에 관한 내용도 법인의 새 대표가 주관하게 되었다. 다행히 어느 정도 뜻도 통하고 잘해보려는 마음도 같아 일은 그럭저럭 잘 진행되었다.

애초 계획은 오랜 세월 동안 무분별하게 들어선 건물들로 어수선한 전체부지를 변화시켜나갈 시작점으로 이 건물을 구상했다. 단지 중앙에 마당과 함께 널찍한 조경공간을 새로 만들고, 그곳을 중심으로 새로 건축하는 건물을 계단식으로 조성해서 각 층까지 외부조경이 이어지고 또 외부계단을 통해 접근할 수 있도록 계획안을 만들었다. 하지만 내 구상은 법인의 뜻과는 달라서 아쉽지만 포기했고 법인이 새롭게 구상한, 장애인 시설에서 처음 시도되는 새로운 모델을 만들게 되었다. 그 방면으로 전문가집단인 법인이 새로운 모델의 구성 방향을 연구해서 제시하면, 나는 그 모델을 디자인하는 것으로 방향을 잡았다.

공사 규모가 커지면 발생하는 추가공사비를 법인이 스스로 해결하겠다는 의지도 있어 새 모델을 만드는 데는 좋은 상황이었다. 나도 열심히 새로운 시도에 상당한 시간을 투자해 계획안을 완성해 건축허가도 받고 최종도면을 법인에 납품했다. 시간 절약을 위해 기존건물을 먼저 철거해두어서 이제 본 건물공사 시작만 하면 되는 상황이었다.

그러던 어느 날 시설 원장에게서 좀 만나자는 전화가 와서 만나게 되었다. 원장은 나에게 무척 난감해하면서 도면 변경을 요청했다. 내용인즉슨 엘리베이터 위치를 옮겼으면 좋겠다는 것이었다. 이유를 물어보니 새 건물 중앙에 작은 중정이 있었는데 그쪽으로 전망용 엘리베이터를 설치하고 싶다는 것이었다. 그리고 또 다른 요청은 지하층을 확대하는 것이었다. 그러면서 이것들은 법인 대표께서 요청하신 내용이니 꼭 수정되었으면 좋겠다고 했다. 물론 그에 따른 비용도 추가로 치르겠다고 했다.

나는 설계하는 그 긴 시간 동안 왜 말이 없다가 모든 상황이 끝난 뒤에야 그러는지 속상했지만 일단 나름대로 열심히 잘 설명했다. 나는 지하층 확대 문제는 경제성이 떨어져도 꼭 필요하다면 할 수 있겠지만, 엘리베이터 이동은 안 하는 것이 좋겠다고 설명을 해주었다.

그 이유는 건물이 3층짜리라 엘리베이터 이용 빈도가 낮을 뿐 아니라 그렇게 변경하면 그렇지 않아도 작은 중정이 더욱 작아져서 중정의 기능을 전혀 못 하고 큰 환기 공간밖에 안 되어서 자칫 음습한 분위기의 공간이 되기 쉽기 때문이었다. 또 그런 분위기를 보여주려고 전망용 엘리베이터를 설치하는 것이 앞뒤가 맞지 않을뿐더러, 엘리베이터로 가는 이동 동선 때문에 전체동선이 흐트러져 내부적으로 사용공간이 많이 줄게 되어 의도했던 공간사용이 어렵다고 나름대로 충분히 설명해 드렸다.

잘 알겠다고 하고 돌아갔던 원장일행에게서 며칠 후 다시 연락이 왔다. 다행히 본인들이 내 얘기를 잘 전달해서 대표께서도 잘 이해했다고 하며 함께 법인으로 가서 회의하자고 해서 법인에서 다시 만났다.

그런데 막상 회의에 들어가 보니 건축을 하신다는 못 보던 분 한 분이 같이 앉아있었다. 대표와 함께 얘기를 나누는데 엘리베이터 얘기를 다시 꺼내는 것이다. 옆에 있던 처음 보는 분도 대표의 얘기를 거들었다. 어이가 없었지만 나는 이 얘기가 왜 지금 또 나오는 건지는 대충 짐작할 수 있었다.

나는 대답했다. 그 얘기는 이미 충분히 설명해 드렸고 또 잘 이해되었다고 해서 왔는데, 이 얘기가 다시 또 나오니 무척 난감하며 설계자인 나로서는 엘리베이터 부분은 수용하기 어려우니, 꼭 변경하고 싶으시다면 모든 설계자료를 넘겨 드릴 테니 다른 설계자를 찾아보시는 게 좋겠다고 했다. 그 얘기를 하면서 다시는 그 법인 산하 시설의 설계를 못 하게 될 것이라는 것쯤은 각오하고 있었다. 하지만 말도 안 되는 고집으로 많은 장애인과 선생님들이 함께 생활하는 공간을 망칠 수는 없었다. 더욱이 새로운 시설모델을 만들어 좋은 본보기가 되자면서 그렇게 만든다는 건 더욱 안 되는 일이었다.

그렇게 자리는 파하고 말았고 중간역할을 하던 시설장과 담당자는 얼굴이 달아오르며 어쩔 줄을 몰라 했다. 결국 다른 설계자가 엘리베이터뿐만 아니라 다른 부분도 많은 변경을 해서 오랜 공사 기간 뒤에 건물은 다 지어진 것 같았다. 시설 개관 날 시설원장께서는 죄송하고 또 감사하다는 문자를 보내왔다.

언젠가 어디서 본 이 말이 생각났다.

"설계는 내용에 대한 이해를 구하는 것이 아니라 설계자에 대한 신뢰를 구하는 것이다."

이 말대로 보면 난 그 법인대표로부터 설계자로서 충분한 신뢰를 받지 못했던 것이 아닌가 싶다.

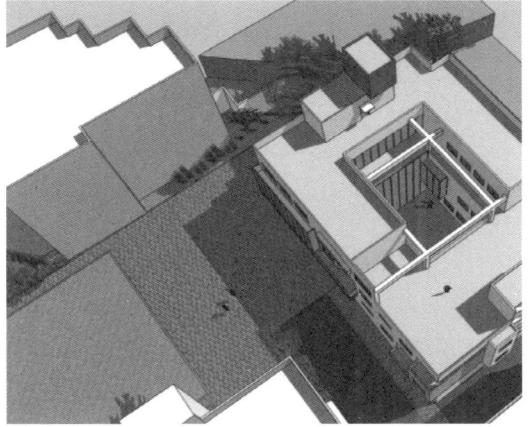

대구에서

여기는 대구이다. 이른 아침 서울에서 출발해 11시경 후배 한 사람과 이곳에 도착했다. 몇 년 전 설계하고 감리를 위해 매주 달려왔던 어느 아동보호시설이다. 다행히 원장님을 비롯한 여러분들이 건물이 너무 예쁘다고 아직도 좋아하고 반겨 주신다.

이곳은 가장 가까운 사람들에게 학대받고 버림받은 상처 입은 아이들을 위한 시설이다. 어린 나이부터 고등학교까지의 아이들이 사는 곳이다. 나는 이 집을 설계하기 전 먼저 어떤 이름으로 이 집을 설계할까 깊은 생각에 들었다. 다시 말해 이 집에는 어떤 의미를 담아야 할까 싶었다.

긴 생각 끝에 나는 그들의 위축된 마음을 안아 주고 싶고 또 힘을 주고 싶어 이 집의 이름을 '하늘꿈터'로 했다. 지하 1층, 지상 3층짜리 집이다. 나는 1층 식당과 공용거실에 2층까지 뚫려있는 높은 천정을 만들고 창문도 그에 맞춰 크고 높게 설치해서 아이들이 자연스럽게 고개를 들고 위를 보며 꿈을 키우기를 바랬고, 군데군데 작고 큰 테라스를 만들어 쉽게 밖으로 나가서 높은 하늘을 접할 수 있게 만들었다. 또 사업비는 아주 부족했지만 주어진 범위 내에서 최대한 주변 어떤 집보다 밝고 따뜻하고 품위 있는, 뽐내고 싶은 집을 만들어 주려 노력했다.

드디어 집이 완성되고 처음 집 내부를 아이들에게 보여주던 날-공사 현장이 위험하기도 하고 또 오픈하우스 써프라이즈를 위해 일부러 공사 중간에는 아이들에게 집을 공개하지 않았다고 한다-원장님이 아이들의 모습을 동영상으로 찍어 내게도 보내주셨다. 동영상 속 아이들은 목청 높이 소리소리 지르며 신나게 웃고 좋아하고 각자가 살 방들을 확인하느라 정신없이 뛰어다니는 모습이 얼마나 흐뭇하고 내 맘을 울리는지 그 영상을 보며 내내 맘이 뭉클하였다.

이후 그 속에서 그 아이들이 살아가면서 얼마나 내 의도처럼 그들의 자존감이 높아졌는지 나는 잘 모른다. 다만 그저 좋아하는 친구를 초대하고 싶은 우리 집, 바로 그만큼이라도 그 집을 통해 아이들의 자존감이 높아졌기를 간절히 바랄 뿐이다. 그리고 그 바람이 현실이 되어 다시 세워진 자존감이 이곳을 떠나서도 계속되길 바라는 마음이다. 그래서 무너져 있는 아이들의 꿈도 다시 살아나고 세상 가운데 굳건히 서서 주변과 함께 힘차게 살아가기를 바라는 마음이다. 또한 그들에게 잘못한 어른의 한사람으로 그 아이들에게 용서를 구하며 그들의 상처가 조금이라도 씻어지기를 바라는 맘이다.

그것이 내가 이 일을 하는 이유이기도 하다. 이런 일이 사실 과정도 제법 힘들고 공사비도 매우 부족해서 아이디어를 만들기에 어려움이 많지만, 완성한 뒤에 찾아오는 이런 보람 때문에 부탁을 받으면 거절하지 못하고 또 하게 되는 것 같다. 그러면서 나도 모르게 조금씩 중독되어 가는 것 같기도 하다.

이런 일을 처음 내게 부탁한 후배는 젊은 시절에 주변 분들과 함께 봉사활동을 다니던 어느 날 이런 어려운 사람들이 살아가는 현실의 환경을 본 뒤로 이런 곳들을 개선해 보고 싶다고 시작해서 이 일에 푹 빠져버렸다. 잘나가던 사무실도 뒤로하고 사회복지 공부를 새로 해가면서까지 이 일에 전념하더니 지금은 국내에서 이 계통의 선구자가 되어있다.

그러면서 어느 날 나를 이 일에 끌어들인 거다, 같이 가자고. 그렇게 조금씩 조금씩 이 일에 발을 담그는 동안 어느새 나도 같이 빠져들었다. 이제는 제법 빠져있음을 스스로 느낀다. 의무감도 보람도 같이…

언젠가 그 후배에게 물어봤다. 왜 하필 많은 주변 사람 중에 나를 끌어들였냐고. 그랬더니 그는 이렇게 대답했었다. 아무리 생각해봐도 나밖에 없더라고. 나는 생각했다. 내가 그 후배 주변에서는 제일 만만한 사람이었나 보다고. 지금까지도.

인천에서의 미팅

인천의 어떤 장애인 시설 설계를 위해 미팅을 하게 되었다. 여러 시설 관계자들과 이런저런 일 얘기를 나누다 30대 남자 사회복지사 두 사람과 2시간 남짓 얘기를 나누어야만 하는 상황이 되었다. 한 사람은 요즘 보기 드문 삼둥이 아빠였고, 다른 한 사람은 막 결혼한 신혼이었다. 나는 이렇게 주제도 없는 대화를 나누어야 하는 어색한 상황을 몹시 불편해한다.

그런데 어쩌겠는가, 오히려 두 사람이 더 불편할 텐데 나마저 말없이 가만히 있으면 너무 어색할 테니 내가 먼저 대화를 시작하는 수밖에 없었다. 가장 확실한 주제인 나에 관한 이야기, 그중에서도 건축에 관한 이야기를 꺼냈다. 다행히 그럭저럭 이야기가 자연스럽게 흘러 건축의 본질에서부터 건축가의 역할, 의무, 그리고 건축가의 삶, 현실, 희망, 건축을 시작하게 된 계기, 건축가를 가장으로 둔 가족들의 이야기 등을 제법 길게 했다. 듣는 그들도 재미있어하고 신기해하기도 하는 눈치였다. 너무 어색한 시간이 될 뻔했는데 참 다행이었다.

건축 설계를 한다고 하면 좋은 집을 떠올리며 집만큼은 잘 짓고 사는 것으로 생각하는 분들을 아주 가끔 만난다. 건축가도 집을 짓고 사는 로망을 가지고 남들처럼 지어진 집에 사는 게 대부분이라는 걸 그들은 잘 모른다. 집을 짓는 건 쉽게 접할 수 있느냐 없느냐가 아니라 경제적인 문제이기 때문이다.

다행히 나는 두 번씩이나 집을 지어본, 일을 잘 저지르는 어쩜 비현실적이고 비경제적인, 엉뚱한 분야에나 용기 있는 건축가일지도 모른다. 이제 와 돌아보면 건축이라는 게 비록 돈을 잘 벌지는 못해도 - 물론 잘 버는 이들도 있다 - 조금 거창하게 표현하자면 역사를 만들기도 하고 또 사람을 만드는 데 일조하기도 한다.

신중해야 하고 깊은 생각이 필요하고 오랜 경험도 소중해서 나처럼 나이가 많은 사람들이 다루기가 더 좋은 일이기도 하다. 실제로 세계적으로 좋은 건축물들은 건축 대가들이 늦은 나이에 만든 경우가 많다. 많은 이야기를 담은 경험이 농익은 건축물로 이어질 수 있기 때문인 것 같다.

그래서 나도 조금씩 이제 그 농익은 그룹에 속해가며 뭔가를 꿈꾸며 만들고 싶어진다. 하지만 이것들은 기회가 주어져야만 가능한 일이기에 내게도 그런 기회가 끊이지 않고 계속 이어지기를 바라며 하루하루 이렇게 살아가는 중이다. 꿈꾸며….

제주의 특징

나는 제주도와의 인연이 좀 많은 편이다. 사무실을 시작할 때부터 지금까지 제주에서의 일이 끊길 듯하다가도 계속 이어져 왔다. 첫 번째 일은 대학동아리 선배를 통해서 맡게 되었는데, 제주 부잣집 자제인 그 선배는 당시 학교를 졸업하고 제주에서 주유소 사업을 하고 있었다. 그 선배와 나는 1년에 한 번 정도 서로 안부를 묻는 정도였는데, 결혼 후 내 직업과는 관계없는 음악 활동으로 수입이 좀 생겨 결혼 1주년 기념 여행을 아내와 함께 배를 타고 제주도로 가면서 선배를 다시 만나게 되었다.

선배가 운영하던 주유소가 제주항 근처인지라 나는 그 근처에 숙소를 잡고 선배와 생맥줏집에 앉아 이런저런 지난 얘기 – 학생회 간부였던 선배가 유신 반대 데모를 주동하다 어느 날 갑자기 군대에 가게 된 얘기, 내가 학생회 선배들 뒤치다꺼리하느라 시골에서 보내준 하숙비 날리고 다른 선배 집에 얹혀살던 얘기 등 – 를 나누다 앞으로의 미래 계획, 내가 하는 일들에 관해서도 얘기했다.

그러고서 7, 8년이 지난 뒤 어느 날 그 선배에게서 연락이 왔다. 당시 나는 내 사무실을 막 시작한 때였다. 선배는 주유소 외에 아버지가 운영하시던 몇 개의 극장 중 하나를 직접 운영하고 있었는데, 그 극장을 리모델링하면서 나와 했던 얘기를 떠올렸는지 내게 맡기려고 연락했다. 마침 우리 사무실 동업자 선배가 제주 오피스텔 설계의뢰를 받아 한참 진행하던 중이기도 했다.

나는 그 일과 같이 선배 영화관 리모델링을 디자인했고, 설계 후 시공자도 소개해 공사를 잘 마쳤다. 여기에 주위의 칭찬까지 더해지니 선배는 매우 만족해했다. 리모델링한 영화관은 건축 잡지에 소개되기도 했는데 선배는 소개된 지면을 확대해 액자로 만들어 사장실에 걸어 놓기도 하였다.

그 일을 인연으로 몇 년에 한 번씩 그 선배네 영화관 신축, 증축, 인테리어, 주택 리모델링 등을 하게 되었다. 또 극장에 근무하던 직원의 부탁으로 다세대 주택을, 소개로 단독주택을, 그리고 내가 다니던 교회에서 제주에 짓게 된 수양관 설계 등을 계속해서 하게 되었다. 그러다 지난해는 제주시청이 발주해 컨설팅부터 기본계획 설계와 감리까지 하게 되었고, 또 주변 사람 소개로 바닷가 카페까지 10여 개 프로젝트를 해오게 된 것이다.

제주에서 일할 때 주의해야 할 사항들이 몇 가지 있다. 일단 시간을 칼같이 계산해서 일정을 잡으면 욕먹기에 십상이다. 왜냐하면, 제주의 시간은 육지보다 좀 천천히 가기 때문에 여유를 두고 일정을 잡아야 한다. 그렇지 않으면 이곳과 육지를 연결해서 하는 일들은 일정 잡기가 상당히 힘들어진다. 공사 기간도 좀 더 넉넉히 잡아두어야 하는 건 말할 필요도 없다.

육지 사람이 제주 사람과 금방 친해지지는 않는다. 잘해주고 싸게 해준다고 모든 일이 연결되는 건 아니다. 관계가 중요해서 가까워지는 것이 우선 필요하다. 그래서 육지 사람이 제주에 자리 잡기가 녹록지 않고 많은 시간과 정성을 필요로 한다. 육지 사람이 제주에 자리 잡아 어느덧 제주 사투리를 적당히 섞어가며 제주 분들과 비슷하게 행동하며 닮아가는 모습을 옆에서 보는 것이 무척 재미있다.

지금은 예전과 달라 제주 땅값이 하늘만큼 올라 땅을 가지고 있던 분들은 모두 부자가 되어버렸다. 나와는 오래전부터 형, 동생 하며 알고 지내던 후배가 날 더러 '제가 시골에 귤밭을 좀 많이 물려받아서 형님이 원하시면 몇백 평은 언제든지 드리겠습니다'라고 말하곤 했는데 그 밭이 지금은 100배 이상 값이 올랐다. 후배에게 가끔 '준다던 내 땅 어떻게 된 거냐'고 농담 삼아 물으면 그냥 웃고만 있다. 그럴 수밖에 없을 것이다. 그렇게 세상은 정신없이 변하고 한 치 앞을 모른다.

나 역시 제주 땅과 한번 인연이 있었던 적이 있다. 오래전에 아버지로부터 받은 돈으로 제주에 사둔 땅이 있었다. 그 땅을 만약 지금까지 가지고 있었더라면 아마 수백 배쯤 거뜬히 올랐을 것 같다. 그땐 밭이었던 땅이 지금은 큰 도로변 상업지가 되었다. 나와는 인연이 아닌 듯 오래전 그 땅을 팔고 말았다.

살면서 너무 욕심내지 말자. 내 뜻대로 되는 게 세상이 아니지 않은가. 그냥 내게 주어진 대로 감사하며 내가 가진 것만큼 베풀며 살아가자. 그게 곧 내가 살아야 하는 길이고 잘 사는 방법일 것 같다.

특별감리자 신청

몇 년 전 건축법이 개정되면서 '특별지정감리'라고 하는 제도가 생겨 일정 규모 이하의 소형건물이면서 개인이 시공하는 건물은 시공과정에 필요한 감리를 건축주가 정하지 못하고 구청 등에서 지정하는 건축사에게 의뢰해야만 하게 되었다.

이 제도의 취지는 불법, 부실 건물을 막고자 함인 것 같다. 예전부터 설계자가 감리까지 맡으면 건축주의 탈법적 시공에 이미 설계자, 건축주로 맺어진 관계 때문에 제대로 감리할 수 없어 불법을 눈감아 주는 경우가 종종 있었는데 그런 폐단을 막는 방안인 것 같다.

하지만 이 법에 대해 일부 건축사들은 잘못된 것이라 반발하였다. 왜냐하면 건축물을 설계하고 완성하는 과정에서 한 사람의 건축사가 계속 진행해야만 그 건축물의 완성도가 높아지고 당초 설계 의도도 완료될 수 있다는 지극히 본질적인 측면에서의 주장이다.

한쪽은 현실적인 배경에서 불법행위를 막기 위해 법을 개정하였고 다른 한쪽은 건축의 본질적인 측면을 더 중요시해 그 개정을 반대하는 것이다. 결국 이 문제는 다른 측면으로 보면 건축사들의 자질과 신뢰 문제인 것 같다. 그동안 건축사로서 제대로 일을 해왔더라면 이런 법 개정 자체가 필요 없었을 참 씁쓸한 일인 것이다.

한편으로 그렇게 법이 만들어진 건축사들의 경제적 수익 때문은 아닌가 하는 생각도 든다. 설계하지 않은 사람도 시나 군에 등록해두면 순번이 돌아와 감리할 수 있으리라는 점에서 그렇다. 더욱이 감리 비용이 정부 고시 기준에 맞추어 비용이 책정되기 때문에 일반적으로 시행하는 개인 간 거래보다는 상대적으로 그 단가가 높다. 실제로 건축행위가 빈번히 일어나고 있는 지역에서는 제법 수입이 되는 것 같았다.

한편 건축주는 감리자의 선택권이 없어져 버렸으니 누가 자기 건물을 감리할지 모르는 답답한 상황이 되어버렸고, 설계대로 완성도 높은 건축을 원하는 건축주들은 추가 부담을 해야만 하게 되어버렸다.

이 제도는 예전에는 구청에서 직접 시행했던 건물 사용검사를 건축사에게 비용을 지불하고 검사하는 것으로 바뀐 특별검사 제도의 경우와 비슷한 제도이다. 특별지정감리나 특별검사대행 같은 제도를 통해 건축사 수입이 어느 정도 확보될 수 있다고 반기는 건축사들이 많은 것도 사실이다. 나 역시 얼마 전 사무실 사정이 어려워져서 고민하다 특별지정감리를 시청에 신청했었다. 건축행위가 극히 드문 지역적 특성 때문에 나에게 돌아올 일이 과연 얼마나 있을까 싶으면서도.

역시 신청한 뒤 1년 동안 감리의뢰가 단 한 건도 없었다. 그래서 다음 해에는 등록하지 않았다. 실은 나도 그 제도가 잘못된 제도라고 생각하는 쪽이다. 그런데 사정이 좀 어렵다고 그 제도에 승차하려 했던 것에 스스로 무척 창피해하고 있었기 때문이다.

이 제도는 근본적으로 건축사가 건축사를 신뢰하지 못하게 하는 데 큰 문제가 있다고 생각한다. 지정 특별감리자나 특별검사나 모두 설계자, 또는 감리자를 불신하는 마음이 바탕에 깔려 있기 때문이다. 실제로 그 특별검사에서 검사하는 건축사가 검사받는 쪽 감리건축사를 대하는 모습에서 많이 느껴지는 게 사실이다. 그럴 때마다 마음이 많이 씁쓸해진다.

어쩌면 우리는 그런 제도들로 인해 우리 스스로를 불신으로 몰고 있음에도 그에 대한 반발과 성찰은 불구하고 함께 편승하여 경제적 이득에만 집착하는 것은 아닌지 뒤돌아봐야 할 것 같다. 물론 건축사의 수입이 날로 점점 더 어려워지는 현실적 문제도 심각하다. 설령 그렇다고 하더라도 설계비 단가 현실화 같은 우리의 가치를 올리는 방법으로 문제를 해결해야 하지 않을까 생각한다.

이렇게 우리 스스로의 가치를 떨어뜨리고 건축이라는 일을 세상의 돈벌이 수단 그 이상 그 이하도 아닌 것으로 만들어 버리는 건 아닌지 못내 아쉬워진다. 물론 나부터도 그러했으니 뭐라 할 말은 없지만 깊이 반성하고 뒤돌아본다. 결국 이런 현상들은 건축을 사랑하고 열심을 다하는 후배들에게 좌절감을 줄 것만 같고, 어쩌면 이 직업을 회피하는 결과도 가져올 수도 있을 것 같아 마음이 많이 슬프다.

우리 건축인들이 긴 역사에도 아직도 힘들고 어렵고 제대로 대접받지 못하고 있는 게 사실이지만 우리 스스로를 낮추고 우리 스스로를 의심하는 이런 일은 지양해야 할 것 같고 또한 협회

나 관련 단체는 미래를 향한 바른 비전을 세우고 그 비전을 향해 나아갈 수 있도록 앞장서야 할 것으로 생각한다. 그래야 지금은 비록 아니어도 시간이 지나 우리가 원하던 바로 그런 제대로 평가받는 때가 오지 않을까 생각한다.

나의 작은 소견이다.

나 죽으면

나 죽으면 내 통장에 남아있는 돈으로 내 장례를 치를 수 있으면 참 좋겠다. 아니 장례를 치를 만큼 통장에 돈이 남아있었으면 좋겠다. 조의금과 조화를 받지 않았으면 좋겠다. 그래서 나의 죽음을 알릴 때 그런 내용도 함께 알려주면 좋겠다. 장례는 최대한 간소하게 치르면 더욱 좋겠다.

장례식장 위패단을 장식하는 꽃도 생략하고, 때때로 올리는 음식도 생략하고, 항상 멋진 우리 아들, 딸, 그리고 평생 미안하고 사랑하는 내 반쪽 우리 지숙님 상복도 생략하고, 사진도 이왕이면 그냥 잘생긴 거로 고르고 골라서 희고 꼬불꼬불한 머리의, 잘 웃고 있는 내 사진 한 장이면 너무 좋을 듯하다. 물론 수의도 생략하고 평소 입던 옷으로 입히고…. 대신 내가 아는 최대한 많은 지인에게 내 죽음을 알려주면 좋겠다. 그리고 할 수 있다면 오신 분께는 빠짐없이 식사나 간단한 다과라도 꼭 대접했으면 좋겠다.

왜냐하면, 내가 아는 사람 중에 여러 가지 사정으로 그동안 못 만나던 사람들이, 또 서로 어쩔 수 없는 일로 잠깐 머쓱했던 관계의 사람들이 내 장례를 통해 그 자리에서나마 다시 만나는 날이 되면 참 좋을 것 같아서다. 나의 죽음이 잠시 끊어졌던 그들을 이어주는 끈이 되고 싶어서다. 나라는 사람은 그간 많은 사람과 사귀며 살지를 못했고 살아온 삶의 흔적들도 별로 없기에 조촐히 그런 이음매라도 하고 싶은 것이다.

그리고 마지막 가는 길에 누구에게든 조금도 부담을 주고 싶지 않고 그냥 홀가분하게 훌훌 떠나고 싶다. 언젠가 아버님 돌아가시고 상을 치른 후 남기신 물건들을 정리하다 아버지께서 남겨 놓으신 통장을 보며 그런 생각을 했었다.

'혹시 아버지께서 그렇게 쓰려고 남겨 놓으신 것 아닐까?'

아버지께서 갑자기 돌아가시는 바람에 나는 임종을 보지도 못했고 남기신 말씀도 글도 없어 아버님 뜻을 알지도 못한 채 정신없이 그냥 장례를 치르고 말았다. 이후 나는 내내 많이 아쉬웠다. 그래서 나는 어떻게 해야 하나 생각하다 나의 작은 바람을 적어 보는 게 좋을 것 같아 이 글도 적어 보는 것이다.

누구나 마찬가지이듯이 나 또한 이 세상 올 때 발가벗고 빈손으로 왔고, 한 세상 살면서 어릴 때는 부모님 그리고 형제들로부터, 나이 들어서는 아내와 아이들을 비롯해 여러 주변 사람에게서 받은 도움도 많았고 또 받은 것도 많다. 그래서 이 세상 떠나며 더는 신세 지지 말고 내가 가는 길에 일부러 오신 분 밥이라도 한 그릇, 차라도 한잔 대접하고 떠나고 싶은 것이다.

정말 정말 그럴 수 있기를 나는 진심으로 바라본다. 모두가 두런두런 둘러앉아 내 사진을 슬쩍슬쩍 보면서 지난 얘기들을 나누는 그런 장례식장 모습을 혼자 그려본다. 그리고 모두가 떠난 적막한 밤에 조용히 내 사진을 쳐다보는 우리 각시, 잘생긴 아들, 예쁜 딸을 또 그려본다….

살면서 때로는 내가 많이 미웠어도 나 죽으면 아이들이, 우리 지숙님이 날 조금은 보고싶어 하고 그리워하겠지?

나 죽으면 꼭 그만큼의 돈이 내 통장에 남아있으면 좋겠다.

딱 그만큼의 여유면 나는 충분히 행복할 것 같다.

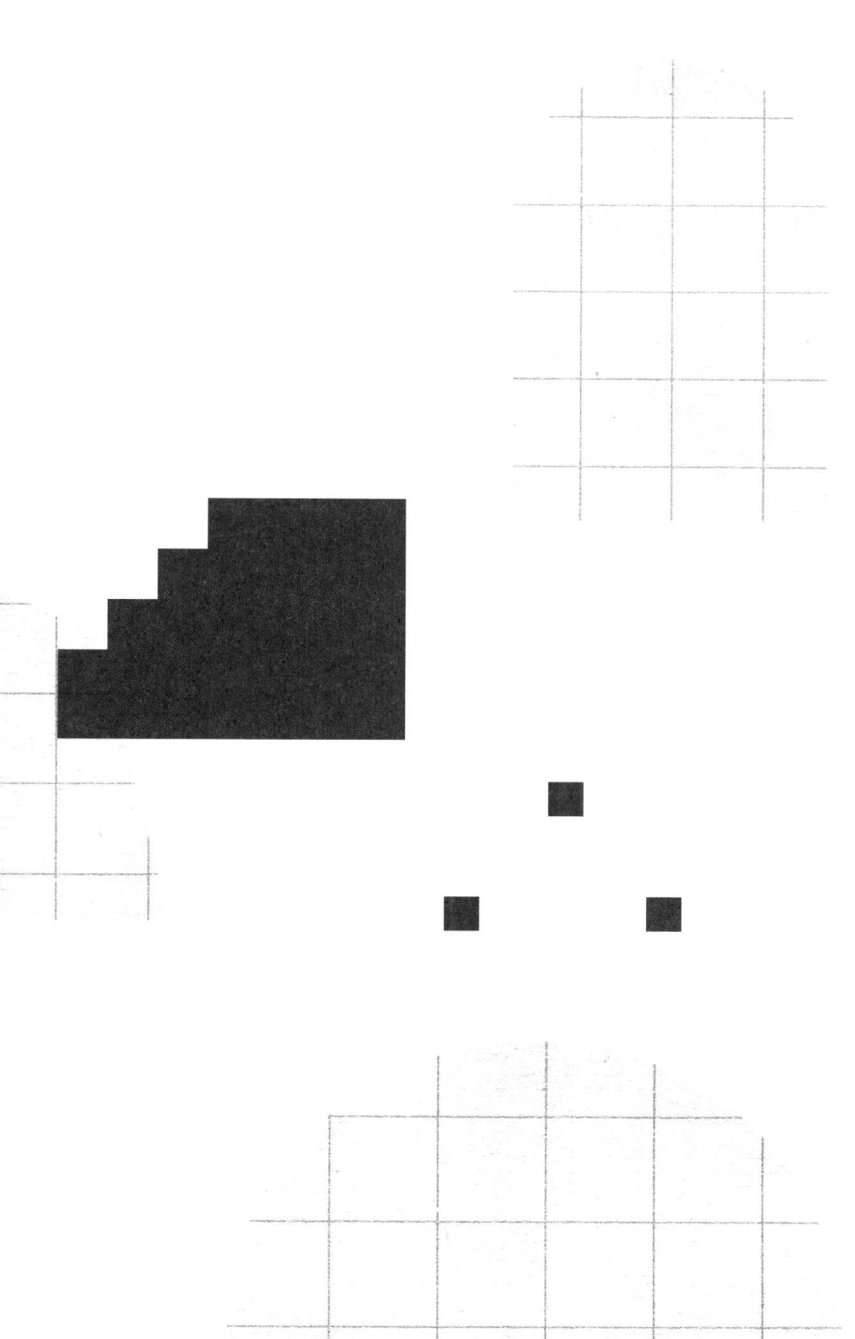

건축가 김씨

발행일 2021년 7월 28일

지은이 김창식
펴낸이 정지원
편집 강지웅
디자인 박은별

펴낸곳 노사이드랩
주소 서울시 마포구 독막로 126-1 3층
인스타그램 nosidestudio
메일 nosidelab@gmail.com

ISBN 979-11-966994-5-1
이 책은 저작권법에 따라 보호를 받는 저작물이므로 무단전재와 무단복제를 금합니다.